著・ジャン・ジグレール
訳・鳥取絹子

資本主義って悪者なの？

ジグレール教授が孫娘に語るグローバル経済の未来

CCCメディアハウス

資本主義って悪者なの？

――ジグレール教授が孫娘に語るグローバル経済の未来

目次

1 資本主義って何？

この前の夜、ママが興奮してわたしを呼んだのでなにかと思ったら、おじいちゃんがテレビに出ていて、とても感じのいい男性と資本主義について議論していたんだけど、でも2人の意見は真っ向から対立していた。わたしには喧嘩の理由がよくわからなくて、でもおじいちゃんがけっこう怒っているのはわかったの。あれはどういうことだったの？

——そうなのだよ、ゾーラ。あのとき私はものすごく怒っていた。私が話していた男性の名前はピーター・ブラベック＝レッツマットといって、世界最大の多国籍食品企業ネスレの会長だ。１５０年前にヨーロッパの小さな国スイスで創業されたネスレは、いまや世界で15位の大企業になっている。

わたしには何が問題なのかわからないわ。ネスレは美味しいチョコレートをつくっている！　それに、スイスの会社が大きくなって世界じゅうで事業を展開しているのはいいことなのに、なぜそんなに怒っているの？

――なぜかというとね、ネスレ会長のピーター・ブラベックはことあるごとに、彼の友人でオランダの有名な歴史学者ルトガー・ブレグマン*の理論を引き合いにだしていたからだよ。

ところが私は、ブレグマンの歴史と経済に関する考え方には大反対なのだ。彼はこんなことを言っている。

「世界の歴史のほぼ99パーセントの期間、人口の99パーセントは貧しくて汚らしく、飢えて、病気だった。［……］　しかしここ200年ですべてが変わった、［……］

何十億という人々が豊かになり、栄養もよく清潔で、環境も安全、美しくもなっている。なかにはまだ『貧しい』人もいるが、じきに歴史上かつてないほどの豊かさを享受するようになる」とね。

つまりピーター・ブレベックは、資本主義は世界の組織形態としてこれまでの歴史のなかでもっとも公正で、人類の自由と幸せを保証していると主張しているのだよ。

それは本当のことじゃないの？

——とんでもない！　本当はまったく逆なのだよ！　資本主義的生産様式のおかげで多くの犯罪的行為が行われている。たとえば、栄養失調と飢え、それに関連する

＊週15時間労働を唱えるなど、ピケティにつぐ欧州の知性と言われている。

病気で毎日、何万人という子どもが死に、医学で克服できるはずの感染症が再び猛威をふるっている。それだけではない。自然環境が破壊され、土や水、海が汚染され て、森林は破壊されている……。

私たち人類は現在、この地球上に73億人いる。うち3分の2以上の約48億人が南半球に住み、そのなかの数十億人は悲惨な条件で生きている。

母親たちは明日のことを心配して不安になり、苦しんでいる。子どもたちに1日でも長く食べさせたいのに、どうしたらいいかわからないからだね。父親たちは社会で冷遇《れいぐう》され、家でも軽蔑されている。いわゆる「恒久的失業《こうきゅうてき》」の犠牲者で、働きたくても仕事が見つからないのだ。

そんな貧しさと不安のなかで育つ子どもたちは、家庭内暴力の犠牲になっていることが多い。世界の20億人には——世界銀行による「極貧層」——自由などない。ただ生き延びることだけを考えているのだよ。

発展途上国は飢えと渇き、感染症と戦争で疲弊している。毎年、それらが原因で死んでいる老若男女、子どもの数は、第二次世界大戦の6年間で殺された人よりも多いのだよ。この事実から、私たちがよく言っているのは、第三世界の人々にとっては今こそ「第三次世界大戦」が進行しているということだ。

もしわたしの理解が正しいとしたら、ネスレの会長とおじいちゃんは完全に対立している。資本主義のいい点と悪い点でまったく一致していない、これでいい？

——その通り。私に言わせると——そして私と立場を同じにする人たちの考えもそうだが——、資本主義は世界に弱肉強食の理念を植えつけた。豊かなのはごくわずかの少数派で、多くの人々は食べ物がないほどの貧困にあえいでいる。

私の立場は資本主義とは対立している。資本主義と闘っているのだよ。

ということは、資本主義は完全に廃止しなければいけないということ?

――いやゾーラ、答えはそう単純ではないのだよ……。ごく少数の人間、とくに北半球の先進国の国民や、南半球の国々の指導者層にとって、19世紀と20世紀の資本主義による素晴らしい革命――産業と科学と技術――は、かつてないほどの経済的な豊かさをもたらした。それは事実だからね。

資本主義的生産様式の特徴は、驚くほどの活力と創造性にある。もっとも力のある資本家は莫大な資金を集中させ、才能のある者をかり集め、競争や競合を利用して、経済学者の言う「すべてを網羅する知識」を支配している。つまり、さまざまな分野に関わる科学的、技術的研究のことで、電子工学や情報科学、薬品、医療、エネルギー、航空、宇宙、材料工学……などを含む分野だね。

資本家はスポンサーになっている研究所や大学のおかげで、とくに生物学や遺伝学、物理学ではめざましい進歩を得ている。

国際的な製薬企業のノバルティスやロシュ、シンジェンタなどの研究所では、毎月のように新しい化学物質や新しい薬品が開発され、ウォール街では、3か月ごとに新しい金融商品が考案されている。

農産食品関連の多国籍企業は増産につぐ増産で、つねに作物用種子の種類を多様化し、より採算性の高い肥料で収穫量を増やし、害虫から守るより強力な農薬を生産している。

宇宙物理学者は、太陽系以外の宇宙を観察して次々と新惑星を発見し、自動車メーカーは毎年、より強固で速い車を製造し、科学者や技師はつねにより高性能の人工衛星を打ち上げている。そうして毎年、あらゆる分野での何千という新発見を保護する何千という特許が、ジュネーヴの世界知的所有機関（WIPO）に登録されているのだよ。

ということは、おじいちゃんが資本主義的生産様式とその蓄積にびっくりしているのは、発明力と力強い創造力に対して……？

——そうなのだよ、ゾーラ。想像してごらん。１９９２年から２００２年のわずか10年間で、世界のＧＤＰ（国民総生産）は2倍になり、貿易量は3倍になった。エネルギー消費量ときたら、4年ごとに平均で2倍になっている。

この21世紀のはじめ、人類は歴史上はじめてといっていいほどの豊かさを謳歌している。しかし実際は、地球はその豊かさに押しつぶされているのだよ。ただでさえ人間の欲望にはきりがないのに、それ以上に物があふれている。

だとしたら、資本主義は悪者なの？

——まあ、資本主義が生みだした弱肉強食の理念は、根本的に打破されるべきだが、科学やテクノロジーで得た素晴らしい成果は保持されるだけでなく、向上させなければならないと思っている。人の仕事や才能、発明は我われすべての人類に共通する利益に使われるべきで、一部の人間の満足や贅沢、権力のためだけにあってはならないのだよ。

さてと、私たちの夢でもある新しい世界を実現できる条件などについてはあとで話すとして。その前にまずは、資本主義がどこから来たのかを話させておくれ。

2 資本主義の誕生

わたしも知りたい！　そもそも資本主義はどうして生まれたの？

――これは非常に複雑で長い歴史の話になる。というのも、資本主義は経済的な生産様式であると同時に、社会構造の1つの形でもあるからだ。社会階級の誕生と衰退に深く関係があるのだね。これらの言葉はすべてゾーラには少し抽象的かもしれないが、これから説明してあげよう。事態をきちんと理解するためには必要なことだからね。

待って、いきなり難しい話をされても……。その前に、言葉の意味を説明して……。

——まず、「資本主義」（キャピタリズム）の語源はラテン語の「カプト」で、「頭」を意味する単語だね。もともとは、経済では家畜の頭数を意味するものだった。そこから派生して12、13世紀にあらわれたのが「資本＝キャピタル」という単語で、利殖を生むまとまった大金、前金の意味で使われている。

「資本家」が登場したのはずっとあとの17世紀で、富の所有者を意味し、それから企業家をさすようになる。生産のプロセスに大金をつぎ込む人のことだね。

それが18世紀になると、富を所有するすべての人をさすのが普通になった。自由貿易を擁護するイギリスの経済学者で、１８１７年に『経済学および課税の原理』を書いたデヴィッド・リカード（１７７２―１８２３年）がそのような意味で使い、フランスの革命的無政府主義者ピエール・ジョセフ・プルードン（１８０９―１８

65年）も、1840年に発表した『所有とは何か？』で同じような意味に使っている。

最後に、「資本主義」という単語があらわれるのは19世紀半ばだが、普通に使われるようになるのは20世紀になってからだ。

たとえば、フランスの革命家ルイ・ブラン（1811—1882年）は1850年から、「一方が他方を排除して資本を私物化する」*という意味で使い、プルードンや、もちろんカール・マルクス（1818—1883年）も、収入の源である資本が、一般にそれを生みだす労働者たちのものではない経済的、社会的体制としている。

＊『労働の組織』より

なるほど！　そっか、やっとわかったわ！　カール・マルクスってマルクス主義のもととなった人の名前ね。そういえば、クラスメイトにマルクス主義者で資本主義に反対している友だちが何人かいる！

——それはすごいね。革命家は、もう1世紀以上も前から、カール・マルクスの名前を引きあいに出して活動している。マルクスは、私がこれまで名をあげた思想家の誰よりも有名だね。人生の20年間を哲学者、経済学者、理論家、革命家として、『資本論——経済学批判』という1冊の本を書くのに捧げ、未完のまま1883年に亡くなっている。

　本を執筆したのは家族とともに亡命したロンドンでだ。そこでイギリスの製造業と、労働者に課せられた過酷な条件を観察して資本主義の実体を明らかにし、そうして犠牲者である労働者に闘うための理論を提供したのだ。

ということは、「資本」とは労働によって生みだされるまとまったお金のことで、それが再投資されて、今度は収入源になるってこと？　そして「資本家」とは、このまとまったお金の持ち主のことで、それを労働者から奪って自分のものにしている。これで正しい？

――その通り。「資本主義」という言葉は、その2つの基本的な特徴で成り立っている。「資本」はまとまった大金、「資本家」は労働者を犠牲にして資本を増やす権力をもつ経営者、または株主などをさす社会階級のことだ。

しかし、この資本主義体制は突然降ってわいたものではない。何世紀にもわたって繰り広げられた階級闘争の結果、最後に勝ち取ったものなのだ……血の流れる闘いもあれば、結果のでないことも多かったのだけれどね……。

その歴史も簡単に話してもらえるかしら？

——もちろん！　世の中には何千年も前から大金持ちがいて、山のような財産——土地、生産の道具、水へのアクセス、宮殿、移動手段、贅沢な食べ物、金銀の食器類、豪華な服や宝飾など——を所有し、それにともなって権力も持っていた。

その昔、これらの大金持ちはまた、彼らのために仕事をして仕える男性、女性、子どもを奴隷として所有し、その人たちは完全に自由を奪われ、商品のように売買されていた。これら「奴隷」の生と死は所有者である主人の一存にかかっていたのだ。この大変に古くからある社会の生産体制は「奴隷制度」と呼ばれていて、古代文明の世界では広く行われていたのだね。

学校で先生が、いまも子どもの奴隷がいると言っていたけれど、モーリタニアだったかしら？　それとテレビでも、リビアでアフリカの若い難民が奴隷として売られているっていうのを観たわ。

――残念ながら、それは事実だ。しかし幸いにも、労働市場で一般的な生産システムとしては、奴隷制は廃止され、人身の売買は禁止されている。

　ちなみにキリスト教では、原則として奴隷制を禁止していた。ここで「原則として」と言うのは、実際にはそうではなかったということだね。ヨーロッパ人はヨーロッパ以外の新大陸アメリカで、征服した土地や鉱山の開発に人手が必要になったとき、先住民を奴隷のように酷使し、おまけにアフリカの黒人を奴隷として大量に強制連行していた。それも教会のお咎《とが》めなしで、19世紀の終わりまで行われていたのだ。

　ヨーロッパのキリスト教世界では、ローマ帝国が崩壊したあとの中世に、新しい社会経済体制が徐々につくられていった。「封建制」といってね、土地——封土《ほうど》の所有者を元にした制度で、君主——皇帝や王、大公、治世の権力者、広大な土地の支配者——と、地方の土地所有者、領主、その臣下、さらにその家臣と、その土地に住む住民までのあいだには、複雑な関係と序列があった。

土地を所有しない者は「農奴《のうど》」——ラテン語で「スクラヴヌ」——で、「農奴の身分」におさえられ、キリスト教の信仰ではいちおう「神の子」としての権利は認められていたものの、「自由のない」身分に閉じこめられていた。

農奴は土地にしばられ、土地の所有者に保護してもらう代わりに働かなければならなかったのだね。

奴隷と農奴の違いは、農奴は奴隷と違ってただの物としては扱われず、法的に人格が認められていたのだ。結婚して、財を持つことができ、奴隷のように売られることはなかった。この話、まだ続けていいかな?

ええ。でも、その前に1つ質問が……。おじいちゃんはいま、土地のことを「封土」って言ったけど、この変な言葉はどこから来たの？

――「封土」（フィエフ）という単語の語源は、「家畜」を意味するフランク語*の「フェフ」または「お金、所有」を意味するゴート語の「フェフー」から来ている。だから封建制とは、土地の所有者と農奴を元にした制度のことだね。

特徴は、封土と人に序列があることで、それのため臣下は自由な身分とはいえ、領主に対して義務や奉公があり、全体が複雑な体制になっている――たいていの場合は軍事的な義務で、宗主のために土地を守るか、あるいはほかの土地を征服することなどだね。

ときに宗主に助言をすることもあり、結果として、臣下が封土や特権などを譲渡

* フランク人による言語。低地ドイツ語に属する言語でフランケン語ともいう。

されることもある。領主は臣下を守って扶養しなければならず、お返しに、臣下は領主に忠誠を誓い、援助して助言しなければならなかった。

この体制が強化されたのは10世紀から11世紀以降で、ヨーロッパにゲルマン人やマジャール人（ハンガリー人）、バイキングなどが侵入し、カロリング朝（カール大帝〔742―814年〕を継承するもの）が帝国の再建に失敗したあと、社会と政治が危機に陥ったときだね。

でも、都市にも封土はあったの？

——それは核心をついた質問だ。そう、都市にも封土はあった。貴族の家系が都会に土地や家を所有していたのだね。しかし、封建制や農奴制に対抗する新しい体制として、資本主義的生産様式が発展したのはまさに都市だ。

マルクスによると、資本主義がはっきりとあらわれたのは16世紀で、躍進したのは18世紀終わりになる。技術と生産体制が革命的に変化し、社会で1つの新しい層が驚くほど豊かになりはじめたときだ。それがブルジョワ階級だね。

マルクスはじつはそのあたりをあまり細かく分析していない。というのも、その時代は中世の概念がまだ曖昧だったからだね。こういうことだ。中世の早期の都市で、職人、とくに商人たちが資本を蓄積するなんらかの方法をうみだし、ブルジョワ階級が豊かになっていったのが17世紀初頭で、もっと早いこともあった。

しかし、ここでゾーラが理解しておかなければいけないのは、社会構造の形としての資本主義は、対立する社会階級の何世紀にもわたる闘いと密接に結びついているということだ。

対立する社会階級……？　それってたとえば、ブルジョワ階級対封建領主階級ってこと？

――じつはそうなのだ。ここでちょっと奴隷制度の終わりと、その結果についての話に戻ろうか。奴隷制で成り立っていた社会が崩れたヨーロッパでは、それ以降、土地の所有者は労働力としての奴隷をもう買えなくなってしまった。

そこで、設備や製品の販売ルート、エネルギー源、原材料の処理方法などを発展させなければならなくなったのだね。そのとき、昔から知られていたのにあまり開発されていなかった、いくつかのエネルギー源が驚くほど改良され、体系的につくられて利用されていった。風力エネルギー（風車）や、水力エネルギー（水車）、木炭などだね。

前近代的だった原材料の処理方法も発展し、布や革、木や金属を扱う職人は飛躍的に力をつけていった。

対して封建領主は、自分たちの土地や設備、販売ルート、労働者を守るため、あるいは自分たちの影響力、政治的な権力を高めるため、ほかの領主――伯爵や司教、神父など――だけでなく、都市の住民共同体やブルジョワ階級とも新たな同盟を結んだ。

こうして12世紀と13世紀を通して、社会には経済的にも政治的にも新しい変化が生まれ、封建制が衰退していった。そしてだんだんと、設備の所有者が土地の所有者を制するようになり、設備の所有者から新しい社会階級が生まれた。都市型ブルジョワ階級の誕生だね。そうして、この新しい階級に新しい力が授けられることになる。

別の言い方をすると、封建領主に対する「反抗勢力」だね。そのときにあらわれたのが市民とブルジョワ階級の共同体で、領主から権利や特権を奪うために闘い、自分たちのために仕事を組織立て、民兵とともに自分たちの身を守り、貨幣や度量衡などを管理するようになったのだ。

これらの共同体はどのようにして認められるようになったのかしら？

――反乱や、革命もあったが、いずれも厳しく鎮圧されていた。共和制が布告されたが、これも長続きしなかった。

目先の利く領主はブルジョワの代表と同盟を組み、ときには領主同士が同盟を組んで権力の拡大をはかった。そうしてついには、ブルジョワが台頭して躍進する工業都市に封建領主の城が建てられ、それを楯にブルジョワ階級に同盟を強制することも行われた。

こうしてたとえばパリでは、当時のブルジョワ共同体の中心地で、（セーヌ川の水車がすぐ近くにあることから）最初に工場が設置されたシテ島に、領主となる城*が建てられた。

12世紀には、このような一部の封建領主と、ブルジョワや都市の職人の共同体との政治的な同盟がヨーロッパじゅうに広まった。その結果、ブルジョワ階級の力が徐々に強まることになり、フランス革命となって勝利をおさめるのだが、これについてはあとで話すことにしよう。

おじいちゃん、マルクスについてもう少し話してもらいたいのだけど、どうしてこんなに有名なの？　彼が何をしたから、資本主義に反対するクラスメイトがいまでもマルクス主義者って言えるの？

——それはいい質問だ。ゾーラが住んでいるのはスイスで、スイスの学校では残念ながら、カール・マルクスについて話される機会がほとんどない。というより、スイスでは資本主義を批判する学者があまり知られていないからね。

マルクスは1818年、ドイツのトリーア生まれで、若い頃は哲学の学生だったのだが、当時ラインラント（ライン川沿岸地方）を統治していたプロイセン国王の強権政治に激しく反対したものだから、25歳で追放されてしまった。

そのときから——亡くなるまで——、彼は家族とともに亡命生活を送り、最初は

＊現在のコンシェルジュリー。

パリ、それからブリュッセル、ロンドンで暮らした。豊かで奥深いユダヤ文化のなかで育ち、ヨーロッパにおける革命の歴史にも精通していた彼は、さっきも話した記念碑的な書物『資本論』を残したのだね。

その彼が1848年、29歳のときに、友人のフリードリヒ・エンゲルス（1820―1895年）と一緒に出版したのが、有名な『共産党宣言』という小冊子だ。そして1867年、彼の生前に出版された『資本論』第一部は42部しか売れなかった……。それでも、マルクスの本は世界に大きな衝撃を与え、19世紀と20世紀、21世紀のはじめまで、世界じゅうの重要な革命や反乱の糧となったのだね。

一生を通して、マルクスと家族は亡命先で貧しく暮らし、妻のイェニー・フォン・ヴェストファーレンが夫を支えていた。マルクスはまた1864年9月の雨の日に、ロンドンのセント・マーティンズ・ホールで、ドイツやイギリスの組合活動家とともに、はじめての労働者の自衛組織「国際労働者協会＝第一インターナショナル」を創設したことでも知られている。

おじいちゃんもマルクスをすごい人と思っているのでしょ。それはなぜ？

——なぜなら、はじめて資本主義について理論づけしたのがマルクスだからだね。しかも批判精神に富み、生き生きとした文体が素晴らしく、学識豊かで知性に満ちているからだ。その理論が、彼に続くすべての世代で資本主義の研究者だけでなく、広い分野に影響を与えつづけているのだよ。

『資本論』で彼は、剰余価値の蓄積について正確に書きあらわしている……。

待って。剰余価値って何？　収入と同じこと？

＊第三部までである。

――まあそうだが、説明しよう。生産手段――資本や機械、場所、原材料など――の所有者は、労働者に払う給料をできるだけ安くしようとする。労働者には体力を回復するのに最低限必要なもの、食べて寝て、雨をしのぐところがあればいいというわけだね。

そのあと資本家は、労働者がつくったものを商品として市場で売る。このときの差額、つまり労働者に払った給料（プラス、生産方法に関連するその他の費用）と、商品を売って得た儲けの差は資本家のポケットに入る。この利益を「剰余価値」というのだ。

資本家はこの余剰金を生産工程などいろいろなものに再投資するから、資本はますます増えていき、蓄積されていく。あとで話すけれど、こうして莫大な財を手にするのは少数の人間で、経済、金融、政界の権力者や、影響力のある学者なのだが、みんな信じられないほどの大金持ちで、ありあまるほどのお金を持っていると言ってもいい。そういう一握りの人間を「オリガーキー」（寡占支配者）と呼んでいる。

剰余価値と収入がどう違うのか、話してくれていないわ……。

——収入にもいくつかあってね。まず「労働収入」とは労働者の給料のことで、個人が自由業または自分の企業で儲けるお金もそうだね。それに対するのが「資本収入」で、これにはさまざまな種類がある。

たとえば、お金を貸したときの利息、土地や不動産の賃貸料、特許料、ライセンス、登録商標、そして企業からの利益の再配分、たとえば株式会社の株主への配当金などだね。

そして剰余価値はこの資本収入の部類になる。資本家が生産や販売に投資した金額と、儲けた金額の差額だね。

わかった、理解できたと思う。さっき、おじいちゃんはこういう大金持ちを「オリガーキー」と呼ぶって言ったけど、この呼び方はどこから来たの？

――ギリシア語で「少数」を意味する「オリゴ」と、「権力」を意味する「クラトス」を組み合わせた言葉だね。

私がさっき話した資本主義経済のプロセスでは、オリガーキーにあらかじめ重要な部分が割当てられていて、商品の本当の生産者である労働者は資本の蓄積から排除されている。だから、この階級は「プロレタリア」（無産階級）となり、かつての奴隷や農奴のあとを継いでいることになるのだね。

資本もなければ生産手段もなく、したがって、生き延びるには「賃金労働」に頼らなければならない。マルクスが考えたのは、労働者は貧しくなるいっぽうだから、いずれは生産された商品を誰も買えなくなり、資本主義は崩壊するというものだった。

しかし、この点で彼は間違っていた。とくに西欧では、労働者や労働組合が2世紀にわたって激しい抵抗運動を繰り広げ、資本家や資本家に支配されている国家から大きな譲歩を勝ち取ったからだ。妥当な給料や、解雇に対する一定の保護、失業保険……などだね。

だから、マルクスによる資本主義では、最後は大量の商品が売れ残って自滅し、労働者はますます貧困になるという点で、彼は間違っていた。しかし、世界的規模で資本家のオリガーキーを生みだすという点で、マルクスは正しかった。

いまでもありあまるほどの資本の蓄積が少数の人間の手によって行われ、彼らはつねにより豊かになり、逆に、第三世界で生活する数十億人は貧困のまま取り残されている……。そしてとくにマルクスが考えていたのは、資本家のブルジョワ階級が1つの文明を押しつけるということだった。その部分を彼の『共産党宣言』から引用してみよう。

人と人の間で唯一存続する関係は、むき出しの私欲、冷酷な賃金払いだけである。厚《あつ》い信仰心や聖なる感動、高潔な興奮や感傷はすべて、自己中心的で打算的で氷のような冷たい水のなかに沈められた。ブルジョワ社会は、人との交流に価値をおく人間の尊厳を消滅させた。

この話をまだ続けていいかな？　ゾーラには少し退屈だったかな？

ぜんぜんよ！　逆に面白い！　一生懸命聞いているわ……。

——マルクスはもう1つの資本の蓄積についても書いている。当時の工場経営者や商店・サービス業の店主が行っていた蓄積とは違うもので、彼はそれを「本源的蓄《ほんげんてきちく》積《せき》」と言っている。

それって何？

——生産に投資するには、スタート時に資本が必要だ、それもできるだけ多くね。マルクスはこの資本が産業革命の草創期に、どのようにつくられたのかを自問したのだ。それについて彼が『資本論』で言っていることを聞いてみよう。傾聴に値する言葉だから。

> 資本は、身体じゅうから血がにじみ出るような苦しみから世に生まれている［……］。そのためには、ヨーロッパでは賃金労働者を隠れ蓑にした奴隷制、新世界ではそのものずばりの奴隷制という土台が必要だった［……］。資本の近代史は、16世紀に2つの世界（旧大陸と新世界）で貿易と市場が創設されたときに始まる［……］。植民地支配が誕生したての工場の販路を保

証し、さらに植民地市場を独占していたおかげで、蓄積は容易に倍加した。奴隷状態にされた先住民の強制労働や汚職、略奪、殺人などによって、ヨーロッパの外でもぎ取られた宝物や大金は宗主国に送られ、そこで資本として機能した。

ヨーロッパの最初の資本の蓄積は16世紀初頭から、言語を絶する条件で酷使されたおもにアフリカ人——男性、女性、子ども——の血と命の犠牲のうえに行われたのだ。

例をあげよう。1773年から1774年、ジャマイカには775の農園に20万人以上の奴隷がいた。うち250はサトウキビ農園で、平均600エーカー（約243万平方メートル）の1つの農園だけで200人の黒人が雇われていた。

マルクスが計算したもっとも正確な数字によると、イギリスは1773年の1年間だけで、ジャマイカの農園から当時の金額で150万リーブル金貨もの大金を得ていた。このお金で、イギリスでは莫大な数の工場――多くは繊維産業――が創設された。そして石炭と鉄が結びつき強力な製鉄産業が出現した。

そのとき、何百万人という農民と家族が都市へ流れ込んだ。ところでゾーラ、チャールズ・ディケンズ（1812―1870年）の『オリヴァー・ツイスト』*という本を覚えているかな？　去年、パパから読むようにと言ってもらったよね？

ええ、よく覚えているわ。とくに最後にオリヴァーが、貧しさは地獄だと言ったとき。

――そういうことだ。祖末な家、凍えるように寒い冬、空腹感、頬がこけて青白い顔の母親、暴力的な父親、警察官の軽蔑と横柄な態度……。オリヴァーの世界はロ

＊ 孤児がさまざまな困難を乗り越えて成長する物語。

ンドンの無秩序きわまる産業化の産物で、植民地での略奪によって成り立ったものなのだよ。ヴィクトル・ユーゴーはこう言っていた。
『金持ちの天国は貧乏人の地獄でつくられている』とね。

ということは、この最初の資本蓄積は、とくにアフリカの奴隷たちの命と苦しみを犠牲にしてつくられたということ？

——アフリカだけではない。南米の先住民もまた大量の血を流して犠牲になっていた。マルクスの後世の信奉者でハンガリーの哲学者、ジェルジュ・ルカーチ（1885—1971年）はそれを「略奪による剰余価値」と呼んでいる。

どういうこと？

——ゾーラは去年、家族でスペインへ旅行したね？　マドリードではマヨール広場やプエルタ・デ・ソル広場へ行き、それからカスティーリャでは、フェリペ2世（1527―1598年）の豪勢な宮殿エル・エスコリアルを訪れたのだよね。

そう。とてもきれいだったわ。観光客が多すぎたけれど、わたしは大好きだった。

——さてと、その頃は3世紀にもわたって、ゾーラのような子どもも含む何百万人という先住民が、スペイン王が宮殿のような素晴らしい建物を建築するために鉱山で死んでいる。

現在のボリビア高原の「アルト・ペルー（高地ペルー）」という高台につくられた都市ポトシは、1671年には当時の南北アメリカでもっとも人口が多く、町を見下ろすセロ・リコ山「豊かな山」には無数の銀鉱脈が横切っていた。

その銀鉱山では3世紀で4万トンもの銀鉱石が採掘され、先住民族のアイマラ族やケチュア族、モホス族、グアラニー族が400万人も命を落としていた。

採掘をする者は決められた量の銀鉱石を運んでこないと、地上に出ることすら許されなかった。槍《やり》と斧《おの》で武装したスペイン人の警備兵が、梯子《はしご》の上で身構えていたのだ。規定量の銀が運べず、光を目ざして地上にのぼろうとした子ども、若者、女性、男性は容赦なく殺されるか、暗闇に突き落とされたのだよ。

年に2回、金銀、錫《すず》、その他貴重な鉱石を積んだロバの長い列がボリビア高原を下り、太平洋岸にあるペルーの首都リマに向かった。そこから、大量の宝物を積んだ船はコロンビアの港カルタヘナ・デ・インディアスに向かい、さらにスペイン帝国の中南米の中心地、ハバナへ向かった。

それから、軍艦――スペインの有名な無敵艦隊については聞いたことがあると思う――に護衛された船舶は、年に2回、南大西洋を横断し、アンダルシアのカディスで金や銀の箱荷を下ろしていた。

だけど、先住民は一度も反乱を起こさなかったの？

――いや、もちろん反抗したが、しかし、たいていは無駄だった……。なにしろスペイン国王（カルロス１世）でもあった神聖ローマ帝国の皇帝カール５世は、統治になみなみならぬ自信を持ち、自分で「太陽の沈まぬ帝国」とまで言っていたのだからね。

スペイン人の征服者が来る前、メキシコの人口は３７００万人にのぼり、アンデス山脈の高原にも同じくらいの数の先住民、中央アメリカとカリブ海には約１０００万人が住んでいた。15世紀の終わり頃、アステカ、インカ、マヤ文明全体の人口は７０００万人から９０００万人だった。それが１世紀後にはわずか３５０万人になってしまった。

だから、資本は「身体じゅうから血がにじみ出るような苦しみから」生まれたのだ。

ということは、スペイン人は悪いことをしたの？

――この点ではそうだね。しかし、スペイン人だけではなく、フランスの支配階級も同じ罪をおかしていた。残忍さでは、フランスの本源的蓄積はイベリア半島の国――スペインとポルトガル――やイギリスと同じだ。

パリの橋や重厚な建造物、大通り沿いに並ぶ豪勢なブルジョワ的建物、マルセイユの有名なカヌビエール通り、ボルドーのガロンヌ川に面した宮殿を見たことがあるね？　それもこれも、植民地の人々の血と絶望と苦しみを犠牲にしたものなのだ。

3 フランス革命について

おじいちゃんはいま、フランスの支配階級って言ったけれど、それって正確にはどの階級をさすの？

——それにはまず、フランス革命のことを話さなければならないね。フランス革命は18世紀のヨーロッパで、資本主義のブルジョワ階級が政治的、理論的、経済的に勝利を勝ち取った革命だった。

　そのとき権力を握ったのがブルジョワ階級で、社会を好き勝手に強引に変え、自分たちの役に立つ制度をつくり、ブルジョワ階級の利権を正当化するイデオロギーを表明したのだ。

このイデオロギーの中心におかれたのが私有財産という概念なのだね。ところでゾーラは1792年8月10日にパリで起きたことを覚えているかな？

わたしが知っているのは、1789年7月14日にバスティーユが襲撃されて、それがきっかけでフランス革命がはじまったということ。でも、1792年8月10日のことは……忘れたわ。

——1792年の夏、フランスは飢饉に見舞われ、とくに首都のパリがすごかった。国王ルイ16世と王妃マリー＝アントワネットがセーヌ川沿いにあるテュイルリー宮殿に山のような食糧を隠しているという噂が飛びかうようになった。

革命は3年前から最高潮に達していた。そのとき、革命自治体パリ・コミューンの襲撃部隊が、王の家族が暮らしていたテュイルリー宮殿を襲撃した。宮殿はスイス人の外人傭兵に守られていたのだが、襲撃部隊は市民の暴徒に助けられて難なく攻防戦に勝利、スイス人傭兵の大半は虐殺され、生きて逃れることができたのは900人のうち、わずか334人だった。

その翌日、少し離れたフォーブール＝ポワソニエール通りに広大な溝が掘られ、パリ市民がそこへスイス人の死体を投げ捨てた。

宮殿には、食糧も、小麦のストックも肉もなかった。その代わり、両手と荷車いっぱいに、宝飾品や高価な整理ダンス、宝石をはめ込んだ大時計を積んで庭園から出てくる暴徒がたくさんいた。

ところがパリ・コミューン襲撃部隊の武装した民兵はそれら略奪者を捕らえ、セーヌ川沿いの街灯に何十人と吊るしてさらし者にした。私有財産を奪ったというのでね。

こうして歴然《れきぜん》として明らかになったのがブルジョワ階級の中心となる価値は、神聖不可侵の「私有財産」ということで、それは現在までそうなのだ。蜂起したパリ・コミューンの指導者にとって、掠奪や盗みは私有財産への侵害で、容認できなかったのだ……たとえ被害者が嫌われ者の王でもね。

ということは、問題は私有財産ってこと？　それは排除されるはずではなかったの？

——とにかく私には、18世紀の最後の10年間に物事すべてが失敗したように思える。もちろん、フランス革命では、過激派のジャコバン派や第一共和制が封建制を決定的に壊して農奴を解放し、人民主権を確立して、多くの人々により自由で尊厳のある人生の希望を与えた。

1789年の「人間と市民の権利の宣言」と、続いて政教分離が確立されて、教会の絶対的権力を揺るがせたのは1つの成果だが、現在でもなお世界で何億人という人がカトリック教会の恩恵にあずかっている。

しかし、資本主義の搾取《さくしゅ》の土台となる私有財産の神聖化は、おもにジャコバン派によるものだが、破壊的な事態を招くことになる――恐ろしい方法で――。それで私たちは現在も苦しんでいるのだ。

どうして失敗したの？　私的な所有は罰するべきだと誰も考えなかったの？　学校で、ジャン＝ジャック・ルソーの『人間不平等起源論』を勉強したところだけど、最初に素晴らしい一文があった。待って、ここに本があるから、そのページを見せてあげるわ。ルソーはこれを書きながら、絶対に怒っていたと思う。

市民社会の本当の創設者とは、ある土地に囲いをし、思いつきで「これは私のものだ」と言ったところ、人々がそれを単純に信用したのに気づいた最初の人間だった。もしそのとき誰かひとりでも、杭《くい》を抜き、堀を埋めながら「こんな詐欺師の話に耳を傾けてはならぬ。もしみんなが果物は万人のものであり、土地は誰のものでもないということを忘れたら、あなた方はすべてを失うことになる」と声をあげて同胞たちに叫んでいたら、人類はいかに多くの罪と戦争、殺人と貧困、恐怖を免れたことか。

――そう、これはルソーが私有財産について考えていたことだ。私が思うに、過ちをおかした張本人は、1793年4月24日、フランスの国民公会において「財産の平等など妄想だ」と宣言したマクシミリアン・ロベスピエール（1758―1794年）だね。

その数日後、彼は貧民を搾取する成金たちに「あなた方の財宝には手をつけません」と約束した。そのときロベスピエールは権力の絶頂にいて、奴隷制と死刑の廃止、普通選挙や平等な権利を訴え、「民主主義」の先端をいく人物だった。それなのに……。

革命を主導して、あらゆる階層の平等を訴えていたはずのロベスピエールが、なぜ金持ちの弁護をしたの？　何があったの？

——フランスの大手出版社スイユの会長、オリヴィエ・ベトゥルネは学識豊かな歴史家で、フランス革命に精通しているのだが、ロベスピエールの熱心な支持者でね、ロベスピエールの悪名高い戦略をこう正当化している。

つまり、フランス革命は王党派連合の軍隊と敵対し、ヨーロッパのほかの君主制国家が指揮する外国からの侵入の脅威にも直面していた。だから、国家の統一を守ることがとても重要だった。そこから、私有財産で成り上がったブルジョワ階級を完全に保証しなければならなかったというわけだ。

オリヴィエ・ベトゥルネはその理論で私を説得しようとしたのだけれどね、彼を尊敬する気持ちに変わりはないが、それでも私はロベスピエールを正当化するのは容認できないのだよ。

なぜ？

——なぜなら、彼が守り抜いた私有財産は、集団の利益を犠牲にしたもので、資本主義の中心、根源をなすものだからだ。

でも、革命派の党員は誰ひとりロベスピエールに反対しなかったの？

——いや、もちろんしたよ！　しかしうまくいかず、悲劇的な結果に終わっている。革命派の多くはジャン＝ジャック・ルソーの思想に深く影響されていた。共産主義の先駆者グラキュース・バブーフ（本名フランソワ・ノエル・バブーフ。１７６０—１７９７年）や、急進派のカトリック司祭ジャック・ルーは仲間と徒党を組み、革命を利用したロベスピエールの特権を告発して、激しく非難し、私有財産の廃止や、土地と生産手段の共有を強く訴えた。

バフーフの最後の演説の一節を引用していいかな。私が知っている反資本主義の文章のなかでもっとも正論で、先見の明があるものの1つだ。

裏切り者の愚か者！　ここで内戦は避けるべきだと叫ぶのか？　紛争の火種は投げるべきではないというのか？　これ以上憤懣やるかたない内戦がどこにある？　いっぽうで多くの人間が暗殺され、他方で無防備な犠牲者がいる［……］。

平等と所有の問題に身を投じて闘うのだ！　人民の力で野蛮な古い体制を倒そうではないか。金持ちと貧民の闘いで、いっぽうが横暴になり、他方が卑劣になるのはもう終わりにしよう。いいとも、繰り返す、どこを見ても悪の極みだ、これ以上の悪がどこにある！　立て直すにはすべてをひっくり返すしかないのだ。社会の目的を思い描こう、共通の幸せを思い描こう、そして1000年も続いたこれら粗悪な法律を変えていこう。

グラキュース・バブーフと仲間の身に何が起きたの？

——今度は彼らに死刑が言いわたされた。執行の前日に、バブーフは自殺を図ったが未遂におわった。１７９７年5月27日の朝、顎を砕いて血だらけになった彼は、意識朦朧とした状態でギロチン台に連行された。ロベスピエールはすでに死んでいたが、しかし彼こそ資本主義が勝利する道を開いたのだ。

資本主義は第一共和制でも、総裁政府（１７９５—１７９９年）、それからナポレオンの帝政下でも支配体制として勝ち誇り……、そしてヨーロッパや世界の広範囲でそのあとを継承する体制でもね。現在、私たちはまさにその悲惨な結果を蒙《こうむ》っている。

4 オリガーキー「一握りの支配者」について

そういえばこの前のテレビ番組の論争で、おじいちゃんはネスレの会長をオリガーキーと言っていた。ということは、ネスレの会長は権力のある少人数の集団に属しているということね。それはわかったけれど、でも、そういう人たちはどんな権力を持っているの？　それをどのように使っているの？

——では説明しよう、ゾーラ。現在の傾向として、企業の多国籍化と資本の独占化が資本主義的生産様式を構成しているのだよ。生産力がある程度の段階に達すると、どうしてもこういう傾向になる。絶対的にそうなるようになっている。

ちょっと待って……。「独占化」「企業の多国籍化」……って何？　これも説明して欲しいな。

――独占化とは、経済で利用可能な資本をひとり占めし、競争相手を排除して、ある商品を生産できる唯一の企業となり、価格も決めてしまう、などだね。

企業の多国籍化とは、このひとり占めが地球全体におよび、国境にも、一国の国内経済にも関係なく行われることだ。この2つの動き――独占化と多国籍化――は、最大限の利益を求める経済競争から生まれたものだ。

複数の大陸を拠点にして、何十万人という人を雇用する巨大企業は、じつは20世紀の最後の10年間に飛躍的に増えている。

なぜちょうどその時期にその……独占化と多国籍化が進んだのかしら？

——2つの出来事が決定的な役割を演じている。

1991年、ソ連とその帝国が崩壊した。そのときまで、世界の3人にひとりは共産党政権の国で暮らしていた。1917年、ロシアの10月革命で労働者・農民・兵士の評議会（またはソビエト労兵評議会）が実権を握って誕生したソ連邦（正式名称はソビエト社会主義共和国連邦）は、第二次世界大戦でナチス・ドイツに勝利したあと、いわゆる「共産圏」を構築し、「資本主義」の国々と対立した。

しかし、ソ連邦のかかげる共産主義は明らかに名ばかりで、この政権はプロレタリア独裁を口実に、特権階級のエリートによる弾圧で一般大衆を強制的に服従させたのが特徴だった。それは共産圏に属する一部の国でも同じだった。

そうして世界は二極化し、「ベルリンの壁」を境に敵対する2つの領域に分断された。しかし1989年11月、ベルリンの壁が崩壊し、2年後にソ連邦が終焉したことで、領土と政治が分断した世界は終わりを告げた。

資本主義的生産様式は、それまではかぎられた領土で行われていただけだった。

それが1991年以降、世界を征服し、特異な監視機関——市場の見えざる手——を創設して、巨大企業が発展する道を開いたのだ。

おじいちゃんは出来事が2つあるって言ったけど……？

——そうだ。世界経済を支配する巨大多国籍企業の発展に「好都合な状況」となった2番目の出来事は、人類の創造性のおかげで、技術革命が次々と起きたことだ。

とくに20世紀終わりにかけての工業先進国では、エレクトロニクスや情報科学、宇宙物理、電気通信の分野で素晴らしい技術進歩があった。

1957年、ソ連が世界初の人工衛星スプートニク1号の発射に成功すると、1965年には、アメリカを拠点にする国際組織インテルサット（国際電気通信衛星機構）が、はじめて衛星による電気通信サービスを提供できるようになった。

以来、何千個という通信衛星が地球のまわりの軌道を永続的に回っているのだね。

同時に、巨大なコンピューターが開発され、金融や商取引のきわめて複雑なオペレーションを超高速で処理できるようになった。これらの器械のおかげで、利益の異なる無数のセンターを同時に管理できるようになり、こうしてサイバースペースが地球を1つにまとめたのだ。

現在、チューリッヒのパラデ広場にあるスイス最大の銀行UBSの銀行員は、東京の支店と光速、つまり秒速30万キロの速さで連絡できる。

すご〜い！　おじいちゃんはさっきも資本主義のパフォーマンスについてずいぶん話して、びっくりしていたわね。つまり、ソ連邦の崩壊と、これらの発明のおかげで次の段階に進んだということね？

――そういうことだ。さてと、私は2000年から2008年まで国連の「食糧に対する権利」の初代特別報告者だった。その肩書きで、レマン湖沿いのヴヴェイにあるネスレの世界本部、ガラスと鋼鉄でできた宮殿に招かれた。

すると巨大な壁面に、世界じゅうにあるネスレのプロフィット・センターや販売店、倉庫、何百という工場が表示されていてね、表示板にいろいろな色のランプが何千と点滅していた。そして、私を案内してくれたディレクターがこう言うのだよ。

「ごらんください、これらは私どもが全大陸で展開しているリアルタイムでの全活動で……、ひと目でわかります……、近代的コンピューターの奇跡です［……］。今日、マルセイユの工場で何本のペリエが生産されたかお知りになりたいですか？カラチで生産された精製水ピュア・ライフの本数はどうでしょう？　アメリカでのわが社の従業員の数も、ネスレ・チリで今朝に処理された牛乳の生産量もわかります。ご希望があれば、どのボタンを押せばいいかお教えいたしますが……」

通信衛星と超強力なコンピューターの出現で、日常的に世界じゅうの工場の管理と製造が可能になった巨大な多国籍企業帝国は、天文学的な剰余価値、つまり資本を生みだしている。

石油企業最大手のエクソンモービルの資産総額はオーストリアのGDPより多く、ゼネラルモーターズもデンマークのGDPを超えている。

現実の資本にはいろいろな形があるが――産業、商業、不動産資本など――、そのなかの1つはコンピューターなどで自動的に処理されるもので、それがいわゆる金融資本だ。それについてはひと言、言っておきたいことがある。

ちょっと待って、金融資本ってなあに？　わたしは資本とはまとまったお金のことだと思っていたんだけど、金融資本もそうなのかしら？

――それが違うのだ。経済学では便宜上、私がこれまで説明した「経済資本」と、この「金融資本」を区別している。民間の多国籍企業が所有する内部留保金の何千億ユーロまたはドルの現金は、金融資本のなかに数えられる。

この特別な資本が現在、世界を支配し、ほかのすべての資本形態を凌駕《りょうが》している。

これは生産や現実の商品を売って得た財ではなく、完全に金融のみからなる財なのだね。説明してみよう……。金融資本が生まれるのは証券取引所だ。証券取引所とは何かわかるよね？

ええ、株が売られたり、買われたりするところ、でしょ？　トレーダーが興奮して叫んでいるのを、アメリカの映画で見たわ……。

——実際は、資本主義的市場経済の1つの施設で、資産——商品、原材料、貨幣、証券など——が交換され、価格が掲示されて、競争の激しい取引を行なうところだ。金融資本は眠ることが決してない。

一瞬の判断もおろそかにできない仕事で、東京証券取引所のトレーダー——金融市場のオペレーター——が眠りにつくとき、ロンドンやフランクフルト、パリのトレーダーはすでにパソコンの画面に釘付けで、その瞬間の投機的な利益を追い求めている。

そしてヨーロッパのトレーダーが疲れて眠ると、今度はニューヨークやモントリオール、シカゴの相場師がコンピューターに飛びかかる。情報の速度が地球を狭くしている。前の文明の特徴だった、時間と空間の関係がすっかりなくなっている。

そしてとくに、金融資本は世界経済全体に独裁体制を築いてしまった。いまやすべての実業家は、どんなに力があっても、どんな商業帝国の支配者でも証券取引所に依存している。企業を立ち上げ、発展させるために、みんな投資家に助けを求め、投資家は代わりに株式を受けとるという仕組みになっている。企業が証券取引所に上場されると、企業価値は証券市場の動きに左右されてしまうのだ。

東京やニューヨークの証券オペレーターによって決められる各瞬間の株価が、経営に関する決断だけでなく、個人的なキャリアまで決めてしまうのだね。

誰が全部これを統治しているの？

——ドイツの首相も、アメリカの大統領も、朝、執務室に着いて最初にするのは、前日の証券取引データを見て、株価の値幅を小数点単位まで調べ、税制や投資の政策にどのくらい使えるかを確認することなのだよ。

さてと、ゾーラは世界経済を誰が統治しているかを聞いたのだっけ？　それがまさに「オリガーキー」なのだよ。

これはグローバル化した金融資本を所有する一握りのグループで、国籍も違えば宗教も文化も違うのだが、しかし全員に共通しているのは、自分の利益のみを追いかけて、弱者への配慮を忘れ、地球の環境には目をつぶっていることだ。権力と富を握る彼らこそ、地球の本当の支配者だ。

あら、わたしが理解していたこととちょっと違うかも？　労働組合や左派政党が、おじいちゃんの言う「世界の支配者」に、最小限の基準と行動のルールを守るようにさせたのではなかったの……？

――ゾーラ、労働組合の活動は現在、かつてないほど難しくなっているのだよ。労働者が雇い主の顔を知っていた時代は過去のものになったのだ。

たとえば1892年、フランス南西部タルヌ県の炭鉱の町カルモーでは、3000人の炭鉱労働者やガラス職工が1人のガラス職工の解雇の不当性を訴えて、フランスの歴史上最大の、4か月に及ぶストライキを行った。タルヌ県選出の国会議員ジャン・ジョレスが、鉱山のオーナーであるソラージュ侯爵とレイル男爵を公然と告発し、結局は世論の力で、所有権は坑夫に譲渡された。

現在では、こういうことは起こりそうもない。いまや工場や商取引、銀行、株式会社を取り仕切るのはオリガーキー、投資財団であり大口株主で、彼らは覆面で発言する。

彼らの本当の素性を知っているのは少ししかいない。匿名、つまり姿が見えず、多くは株を所有する企業から何千キロも離れたところに住んでいる。相手が特定できない状況では、彼らに反対するにも世論を動員するのがきわめて難しくなるのだね。

でも、どうしてオリガーキーがそんな大きな権力を発揮できるの？　まったくもって不公平だわ！　どうして世界じゅうでそんなに力があるの？　どの国にも法律があって、警察も軍隊もいるのに？

――では例として、私が実際に体験した話をしてあげよう。少し長いが、絶対的権力を有する数人の金持ちに対して、普通の人がどんな生活をしているかよくわかるはずだ。

ゾーラも知っているように、私は国連の「食糧に対する権利」の特別報告者をしていた関係で、危険で複雑なミッションの1つとしてグアテマラに行くことになった。

グアテマラは太平洋とカリブ海のあいだにある、ものすごく美しい国でね、10万平方キロメートル以上の面積に密林と沿岸に肥沃《ひよく》な平野、火山列島と岩だらけの高原が広がっている。

住民は1700万人近くで、大半が古代マヤ文明の血を引いている。太平洋沿いの黒土はとても肥沃で、見渡すかぎりの農園がえんえんと連なっていてね、バナナ園、トマト、メロン、パイナップル、アボカド、キウイ園……、ところがこれらはすべて民間の多国籍企業が所有しているのだ。ユナイテッド・フルーツ、デルモンテ・フーズ、ユニリーバ、ゼネラル・フーズ……などだね。

山腹は段々畑に整備されたコーヒー畑になっている。これがスペイン語で「フィンカ」と呼ばれる大農園で、持ち主は外国人や地元の大地主だ。

そこで働くのはマヤ人の日雇い労働者で、惨《みじ》めなほど安い賃金で雇われ、家族ともども石だらけの高地に追いやられて暮らしている。彼らは渓谷《けいこく》沿いの尾根や、険しい傾斜地にトウモロコシを植え、痩《や》せこけた豚を飼い、井戸を掘って生きているのだよ。住んでいるのは小枝を組んで作った粗末な小屋で、台風でも来たら吹き飛ばされてしまいそうだ。

スタッフや通訳、国連の警備員と一緒に、チキムラ県のホコタンで過ごした数日間のことは、一生忘れないだろう。天気がいいと、下方の「黒土」が2000メートル先まで見え、アメリカ企業デルモンテの農園が数十キロも連なっている。

昼間は暑くてたまらないので、私たちは夜に仕事をしなければならなかった。現地の状況を調査するために行ったのだがね、マヤの女性は美しい黒い目をしているのに痩せこけて、歯が抜け、男性も若者も、みんな押し黙ったまま、警戒心丸出しで、目を下に向けていた。

3日目も夜になろうとする頃、奇跡が起きた。私たちは広場に招かれて、中央のベンチに座るように言われたのだ。まわりを男たちが取り囲んでね、最初に口をきいたのは長老だった。

そこで感じたのは、みんなが動揺していたことだった。私たちの訪問が不審に思われ、おそらく恐怖心を抱かせたのだろうね。しかし好奇心もわいてきたようだった。

白人が、ブルーの旗を立てた大型の白いジープでやってきて、ベルトにピストルもつけていなければ、上から目線でもない。外国人の女性と男性が、一見したところ、話をしたいだけのようで、彼らの生活条件を知りたがり、話を聞いて、言葉をメモし、おまけにどうやら、先住民に対して好意を持っているようだ……。

彼らは国連というものを知らなかった、それは間違いない。しかし、通訳を介して話しかける白人は力を持っていそうだ。大型の車に乗ってあらわれ、女性も男性もいい服を着て身だしなみがいい。そうして、だんだんと信頼感が生まれたのだね。

私たちは持ってきた食料品をみんなで分け合った。

グアテマラでは現在、外国人と自国民あわせて1・86パーセントの土地所有者が、耕地全体の67パーセントを所有している。この国には、3700ヘクタール以上の土地を有する大地主が47人いる。しかし90パーセント近くの土地所有者は1ヘクタールか、それ以下の土地で生きているのだ。

私は特別報告者として、グアテマラでの調査にしろ、報告書と勧告にしろ、あれほど一生懸命に仕事をしたことはなかった。私たちが国連人権理事会と、それから国連総会に提出したおもな勧告は次の通りだ。

国の土地登記簿を作成し、農地改革に着手する。土地の紛争を裁く権限を軍法会議から取り上げる。「先住民族基本法」の1条項により、先住民が自分たちの住む土地と地下を自由に使えるように保護する。農業銀行を創設する。農業に従事する季節日雇い労働者にスト権を認める。農園の労働者の組合を認める。農業労働者と季節労働者の失業保険を行き渡らせる。

これを全部認めさせたのね？　すごい！

——いや、残念ながらまったくそうじゃなかったのだよ！　国連では、ミッションの報告書は任務が終了してから6か月以内に事務総長に提出しなければならないことになっている。事務総長がそれを承認し、まず人権理事会で議論されて決断され、それから国連総会にまわされる。そこで勧告が可決されたら、国際協定の新しい基準になる。

私には最初から勝てる見込みが少ないのはわかっていた。敵は警戒し、力があり、徹底抗戦のかまえで連携して立ち向かってきた。

当時のアメリカの国連大使はアリゾナ州の薬品企業の億万長者だったのだがね、私を個人的に激しく攻撃してきて、「共産主義者」呼ばわりまでした。私有財産を妨害し、市場の自由競争を麻痺させようとしている……と言って非難してきた。

農地改革はすべて反古《ほご》、資本主義者にとって市場の自由と私有財産は聖域だから、そこへの介入は許せないというわけだ。北米に本社を置く多国籍企業が裏で動いたのだね。国連大使は彼らの言いなりだった。

国連には、米政府の言いなりになる者が何人か、いやたくさんいる。人権理事会であろうが、国連総会であろうが、米政府は難なく介入して反対票を動員できるのだ。北米の民間多国籍企業は、私の勧告を水に流そうと決めた。結局、その通りになった。

だけど、誰も何もできないの？　恐ろしいことだわ！

――ゾーラの言うことはまったく正しい。グアテマラには1821年にスペインから独立して以来、土地の登記簿がないのだ。地元の大地主は自分の領土を拡張したければ、近隣のマヤの村にガンマンを派遣するだけですむ。

彼らは農夫や女性、若者たちを何人か撃ち殺す。残った家族はパニックに陥って、山岳部に逃れるというわけだ。土地の登記簿がなければ、農地改革をするにも、土地を再配分するにも打つ手がない。土地の正確な境界線がわからないからだね。

ユニセフ（国際連合児童基金）は、２０１５年にグアテマラの子どもたちに関する最新報告書を発表した。それによるとこの年、この国では10歳以下の子ども11万２０００人が飢餓で亡くなっている。

中央アメリカの多国籍企業はなんて恐ろしいの！

——そうなのだよ、ゾーラ。しかし、恐ろしいのは中央アメリカの企業だけではない。グローバル化した金融資本の支配者はアフリカでも同じようなことをしている。

もっと詳しく知りたいかな？

ええ、聞きたいわ。

――私は携帯電話を絶対に持たないようにしている。わが家のテーブルにおばあちゃんの黒い携帯電話が置かれているのを見るたびに、コンゴ民主共和国（旧ザイール）のキヴ州のことを思ってしまうのだよ。

キヴ州とは、コンゴ東部のヴィルンガ火山群のふもとにある、湖と大草原が広がる素晴らしい地方だ。そこの鉱山では、重武装した民兵に警備されて、民間企業がコルタンを開発している。

このコルタンは現在、金よりも銀よりも貴重な鉱石で、飛行機の胴体内部や携帯電話、その他工業先進国の住民にとって重要な多くのものに使われている。ただ1つの問題は、この鉱石へのアクセスが非常に困難で、井戸が狭いために小さな身体の子どもしか取りに行くことができないということだ。

コルタンの鉱脈は地下10メートルから20メートルにあるのだね。岩が砕けやすいので、落盤も多い。だから子どもたちは生き埋めになり、井戸のなかで窒息死してしまうことが多い。これら鉱山の所有者のために人手を集める者たちは、北キヴ州の村々を歩き回って子どもたちを雇い入れている。

地獄のような鉱山の話は、コンゴ東部では知らない者はいない。母親はもちろん、10歳から12歳の子どもたちも知っている。みんな井戸の話を聞くだけで恐怖に震えている。キヴ州では飢餓や内戦が猛威をふるい、民兵による掠奪や、収穫したキャッサバ（タピオカの原料）の盗難などが日常茶飯事になっている。

でもね、多くの子どもたちは、家族が生き延びる唯一のチャンスは鉱山に行くことだとわかっているのだね。どの少年も少女も、狭いトンネルがどんなに怖いかを知りながら、鉱山の人身売買人についていく……。

だけど、コンゴの国は自分の国民を守るために何もしないの？

――キヴ州にはコンゴの国家は存在しない。わかりやすく言うと、コルタンは隣国ルワンダで登録されたトラックに積まれ、国境の町ゴマで――グレート・バリアと呼ばれる――ルワンダに入り、ルヘンゲリを経て首都キガリへ行く。それからルワンダを離れてケニアに入り、インド洋沿いの港モンバサに到着する。

そこから、貴重な積荷は船で日本や中国、ヨーロッパ、北米の工業国の市場に向かうのだ。鉱山開発を独占的に支配する多国籍企業には、スイスのグレンコアや、アメリカのフリーポート・マクモラン、オーストラリアのリオ・ティントなどがあり、コンゴ東部でさまざまな形で活動している。

たとえば、グレンコアは広大な銅鉱山も開発しているのだが、コルタンの場合はシステムが違って、鉱石を採掘するのは地元の小さな会社なのだ。それを仲介業者が買いあげ、さらにそれをコンゴの国営資源企業「ジェカミン」に転売し――汚職まみれ――、この会社がまた多国籍企業に転売するという仕組みだ。

私はあの子たちのやせ細った身体と、おびえた目を忘れることができない。キヴ州のコルタン鉱山で、銃を持った民兵に四六時中おどされ、貧しい賃金でこき使われているのだ。この地域には世界埋蔵量の60パーセントから80パーセントのコルタンがあると言われている。

国際的なメディアがキヴ州に注目したのは近々でただ1回、2000年のクリスマスだ。ソニーの「プレイステーション2」が、コルタンに含まれるレアメタル、タンタル不足で品薄になり、ヨーロッパの店舗から消えたときだった。

この子どもたちの保護をする人は、誰もいないの？

――森のなかにある鉱山の集落から逃げ出すことのできた少年、少女が、何百人とブカヴやゴマの町をうろついている。彼らを援助して、傷を治療し、食べ物を与えて保護しようとする人道組織はあまり多くない。しかし、そんななかでもジュネーヴ出身の素晴らしい女性、マリアンヌ・セバスチャンが率いるNGO「ヴォワ・リーブル＝自由な声」は、実績をあげている組織の1つだね。

この不正な取引を止めさせるのに、誰も何もできないの？

――いや、アメリカのバラク・オバマ大統領（当時）が、非人道的な条件で採掘される鉱物の生産履歴を作成する法律を議会で通過させた。彼の言う「紛争鉱物」（武装勢力の資金源となる鉱物）は、もう北米市場に入ってこないはずだった。

それがうまくいかなかったの？　何も変わらないままなの？

――そう、じつはそれほど変わっていない。これらの鉱物は、大部分が溶解できるので、いわゆる「軽」鉱物に混ぜることができるのだね。それとは別に、鉱山関係の巨大企業は莫大な資金を手に、あらゆる手を使ってオバマ前大統領の法律を無効にしようとした。世界最大の鉱山開発のコングロマリットであるグレンコアは、そのホールディング、つまり関連会社すべてを傘下においた持ち株会社は、本社をタックス・ヘイヴンとして知られるイギリス王室属領のジャージーに登録した。

タックス・ヘイヴンとは、域外から進出してくる企業に対して、税金をほとんどかけないなど、税制上の優遇措置を設けている国または地域のことだね。グレンコア帝国でも太陽は決して沈まないということだ……。

鉱山開発会社はどのように税法をくぐり抜けているの？　いずれにしろ複雑なはずだわ！

――ところがそうではないのだよ！　ゾーラ。彼らにとってはいとも簡単。ワシントンの有力者をいくらでも動かせる力を持っている。オバマ大統領のあとを継いだドナルド・トランプ大統領は鋼材開発の巨大企業に屈してしまった。法律を破棄したのだよ。

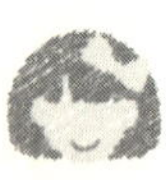

ということは、これら民間の資本主義企業のほうが、世界一力のある国よりも強いということ？

――その通り！　全部わかってくれたね。

ではここでコンゴの話に戻ろう……。コンゴ東部は、フランスの2倍以上の面積があるのだが、この地域には公権力がもう存在していない。鉱山を所有する支配者の多くは開発の許可も得ていなければ、輸出税はもちろん、税金は一銭たりとも払っていない。

キヴ湖の北岸にあって、ヴィルンガ火山のふもとにある町ゴマは、人口が100万人以上の大都市だ。それなのに、この町には正常に機能する病院がなく、薬の大半は日常的に不足している。毒ヘビに噛《か》まれたり、感染症にかかった子どもたちはそこで死んでいくしかないのだよ。

血も涙もない人たちね。大嫌いだわ！

——嫌うだけではなんにもならないよ、ゾーラ。学校で習ったと思うけど、ジャン=ポール・サルトルが書いている。

「人を愛するためには、彼らを抑圧する『もの』を憎まなければならない」

ここでのキーワードは「もの」で、「人」ではないということだ。つまり問題となるのは、これらオリガーキーの精神的、心理的な特質でも、個人的な意図でもない。デルモンテや金融業のゴールドマン・サックス、ユニリーバ、テキサコ、グレンコアの社長がいい人か悪い人かは関係ないということだ。

というのも彼らはみんな、社会学でいう「構造的暴力」に支配されているからだ。仮にBNPパリバ銀行やバイオテクノロジー企業サノフィの社長が、自社株の時価総額——ちなみに企業価値から負債価値を引いた残りを「株主価値」という——を年に10パーセントから15パーセントあげられなかったら、3か月後以内にその地位を追われることになる。

サルトルは断言している。「敵を知り、敵と闘うことだ」とね。

繰り返すが、特別な誰かを憎んでもなんにもならない。世界の秩序となっている資本主義は、弱肉強食だということを理解するようにしなければならないのだ。

私の同僚でボストンにいる哲学者の友人、ノーム・チョムスキーは、民間の多国籍企業を「不死身の巨人」と名づけている。私はもっと平凡に「冷血な怪物」と呼んでいるのだがね。

ねえ、おじいちゃん、もし人類がオリガーキーの絶対的権力に支配されていて、そしてもし、オリガーキーが人類に対しても、仲間うちでもやりたい放題だったら、人類は大きな危険にさらされていることにならないの？

――その心配は当たっている。グローバル化された金融資本のオリガーキーは日々、この地球上で誰を生かし、誰に死刑を宣告するかを決めている。彼らのやり方の特徴は徹底した実用主義で、内部に多くの矛盾を抱えている。反対派同士が闘い、システム全体で容赦ない競争が行われている。支配者同士が果てしない闘いに身を投じているのだ。

彼らの武器は強制的な合併であり、企業の移転、株式の公開買い付け（ＴＯＢ）、寡占体制の樹立、ダンピングや情報操作で、それで競争相手を破壊する。殺人はめったにないが、いざとなればためらうことなく実行する支配者もいるほどだ。

しかし、内部では対立していても、資本主義体制全体が少しでも脅威にさらされるか、単に反対にあっただけで、オリガーキーと追従者は一体になる。権力への意志、欲望、支配する陶酔感に動かされ、世界の私有化を守るためならどんな手でも打ってでる。

　これによって彼らは、常軌を逸した特権と、数えきれないほどの役得、そして天文学的な個人財産を手に入れたのだからね。私のグアテマラが失敗したのも、そこからきている……。

でも、搾取された国の政府はなぜ反対しないの？　金融権力に対してそれほど無力なの？

——それはいい質問だ。実際問題、オリガーキーだけが悪いのではない。人々が生活を破壊されて苦しんでいるのは、グローバル化された金融資本や、それに付随する軍事大国、金儲け主義の貿易組織によってだが、それに加えて、とくに第三世界の政権で広範囲に蔓延している買収行為や汚職も誘因になっている。なぜなら、金融資本の世界秩序はとても複雑で、現地の政府の共謀と汚職がなければ機能しないからだ。

スイスの神学者ウォルター・ホーレンヴェーガー（1927―2016年）は、この状況をこう要約している。

「わが国の金持ちたちの際限のない強欲と、いわゆる発展途上国のエリート層による汚職が結びつき、死をもたらすほどの巨大な陰謀が行われている［……］。世界のいたるところで、毎日、無実の子どもたちが虐殺されている」

5 グローバル化について

おじいちゃんによると、資本主義は世界的な体制よね。ということは、おじいちゃんもわたしもその体制のなかで生活していることになる。でも、わたしたちは不幸じゃない！

——そう、ゾーラも私もそのなかにどっぷりだ。しかし、この不平等なシステムのなかで、私たちはおそらく恵まれた側にいる。これまでグローバル化と、そのなかで金融資本を牛耳るオリガーキーが世界を支配していることは話したね……。

ええ、よくわかったつもり……。

——それはよかった。ところで「グローバル化」という言葉は下手をすると間違ってとらえられる可能性がある。一見、均一的な世界を想像するが、しかし、資本家がつくりあげて統治している世界はそうではなく、どちらかというと群島《ぐんとう》のような世界なのだね。

どういうこと？　スイスは島なんかじゃないわ！

——これはたとえ話だ。実際の群島は、近くに集まる島々全体のことで、島同士がそれぞれ重要な関係にある。現在の金融と経済のネットワークがこの関係に似ているということで、一部の社会学者は「群島経済」と言っている。

世界の一大産業中心地と大都市が強力な相互依存関係にあり、雑然と集まる国家と重なり合っているのだね。繁栄する島々のあいだで、国全体が歴史から消え、幽霊船のようになっている。

ちなみにゾーラと私はもっとも繁栄している島の1つ、西欧に住んでいる。私たちは資本主義体制のなかで暮らしているのだが、いまのこの社会の特徴は消費社会だ。

ええ、それは授業でも習ったわ。広告にあおられてわたしたちはものを買う、ファッションでもなんでも……。わたしも町を歩いたり、大型ショッピングセンターへ行ったりすると、こんな山のような商品を誰が買うのかしらと思うことがある……。

——消費社会とは特別なタイプの社会なのだね。資本家が第二次世界大戦後の19

50年代から1960年代に、群島のなかでも繁栄する島々につくったのだ。

　戦後は、平和な経済を再建する必要があった。資本主義を存続させ、資本の蓄積を確実にして、たえず利益を高めるために、つねにより多くの商品を作る必要があった。しかも多様で競争に耐え、革新的な商品をハイペースでね。その結果、消費社会はその住民に「豊かさ」をもたらした。しかしそこで中心になるのは商品だ。消費者は商品に魂を売っているのだ。

　消費社会はいくつかの簡単な原則で成り立っている。構成員である顧客はものを買わされ、消費して捨て、新たにできるだけ多くのものを、本当に必要がなくても買っていく。そのために、これらのものはわざと長持ちしないようにつくられている。

　おばあちゃんがいつも昔のストッキングのことを話してくれるのだがね、ちょっと引っかけただけですぐに伝線したものだから、おばあちゃんの世代の若い女性はそのために大金を使ったそうだ。というのもその前、戦争が終って直後に発売されたナイロン製ストッキングがとても丈夫で、売上げがガクンと落ちてしまった。

そこでメーカー側はナイロン成分の配合を変え、すぐに伝線するようにしたのだね。かわいそうに女性たちは、毎週ストッキングを替えなければならなかった。

いまの携帯電話を見てごらん！　ものとしては非常に弱い。新しいモデルになるたびに洗練された機能がつき、新しいソフトが別のソフトを追い出している！　だからすぐに新製品を買わなければならない。こうして携帯電話はできるだけ早く替えるように作られているのだよ。

買い替えのペースを速めるために、製品の寿命を人為的に短縮することを「計画的陳腐化《ちんぷか》」と言っている。一部のメーカーはあの手この手を駆使して商品が長持ちしないようにし、それより売れればいいと思っている。

もし電球が20年も長持ちしたらどうなるだろう？　おそらく電球メーカーは倒産してしまうだろうね。この考え方からいって、メーカー側が多少なりとも製品の寿命を計算して作っているのは確実だ。

しかしその結果として、たとえばフランスでは、毎年、4000万個の製品が故障し、修理せずに捨てられている。何千トンというゴミになっている！ それでいま政府は頭を痛めている……ゴミの「処理」にかかる費用と、それによる環境問題でね。

おじいちゃんはさっき、みんな必要がないものを買っていると言ったけれど、わたしもいらないのに買っていると思うことがある。だから、消費者は不要なものを買うように仕向けられているのかも。みんなバカなのかしら？ 流行のせい？ わたしが思うに、友だちと同じようにしたいと思うからかしら……。

――じつは、消費者の欲望を決めるのは消費社会そのものだ。つねに新しい欲望がつくり出され、それが徐々に消費者の脳に植えつけられていく。

洋服の流行は――若者の服も含めてね――毎年変化する。ゾーラの友だちの多くはおそらく、流行遅れのジーンズやTシャツ、ブルゾンを着て歩くのは嫌だと思っているはずだ。

ゾーラだって、気分よく過ごすために流行に乗っていたいはずだ。それらに向き合わなければならない親も大変だ！　これらの欲求をつくり出すために資本家が使う道具が、「マーケティング」と「広告」と呼ばれるもので、この2つこそ人間が考えだしたもっとも悪い側面のある活動なのだ。

ゾーラの住む町を見てごらん。たいていの家の郵便箱には「広告お断り！」のシールが貼られている！

ほんとそうだわ。わたしの家にも貼ってある。

——そうだね。しかし、郵便箱にお断りのシールを貼ったところで何にもならない。広告業者は抜け目がない。消費者がどこへ行こうと追いかけ、迷惑な電話までかけて、彼らのいう「メッセージ」を押しつけてくる。

テレビでは、ニュースや興味のある番組を見たくても、その前に広告の「メッセージ」をえんえんと流される。映画館も同じだね。映画を観に行ったのに、始まる前に少なくとも数分間、広告のオンパレードに耐えなければならない。インターネットになるともっとひどい。

いまは誰も彼も何をするにも携帯電話で生きているから、みんな絶えずサブリミナル効果によるメッセージを浴びつづけている。つまり、潜在意識に訴える広告だね。これらのメッセージがみんなの行動に影響を及ぼしているのは間違いない。

広告に抵抗するにはどうしたらいいの？　わたしは映画を観に行くのが大好きなのに！

——何もできないだろうね。目を閉じて耳をふさぎ、広告を無視して抵抗するしかないだろう。広告業者はいたるところにいる。公共のスペースまで進出している。それに対し、公共スペースに民間の広告ポスターを貼るのを禁止させようと、とくにフランスで市民グループが立ち上がったが、それも無力だった！

行政は市場第一主義にはばまれ、結局、消費が優先されて、市民側の訴えは負けてしまった。それでも、人口密集地での広告ポスターを規制する法律だけはいちおう可決された。もちろん、何も規制されないよりはいいのだがね、しかし……。

この消費社会では、マーケティングと広告が重要な役割を果たしている。消費の欲望をつくり出し、生まれさせ、インスパイアしている。消費者の行動をその方向に向かわせるのだ。消費者はショッピング——消費社会の躍進とともに定着した英語だね——をし、レジャーや観光、自分のための楽しみにお金を使う。

兄のテオに聞いてごらん、最新トレンドの服を買うために、若者向けのブティックの前で何時間も平気で列をつくっている。私がいくら注意しても聞く耳を持たない！　いずれにしろ、それで大もうけをするのは生産者であり情報伝達者、別の言い方をすると資本主義者だ。

でも、みんながそれで満足しているのでは？

――欲望を満たすことができれば満足するのは当然だ。たとえその欲望が他人によってつくられ、消費者の脳に「外」から「植えつけられた」ものだとしてもね。

しかし残念なことに、この豊かな経済には裏の顔がある。物を作るために必要な原材料とエネルギーの搾取、豊かさを手に入れる不平等、ゴミの処理、自分のために消費するという自己中心的な精神の蔓延、消費生活に必要な収入を確保する不安、使用価値（物の持つ有用性）の喪失……などだね。極めつきは、世界人口の4分の3がこの豊かさを手にしていないということだ。

でも、わたしにいったい何ができるの？　無意識だとしても、意思に反してこんな社会の一員になりたくないわ。

――ゾーラの着ている服について考えてごらん。それはパパとママが有名デパートで買ったものだ。これらの店は製造メーカーに属していて、メーカーのほとんどすべては、洋服や靴、アクセサリーをできるだけ安い労働力で、世界の「特別製造地域」で作らせている。

　バングラデシュや中国、フィリピン、台湾などだね。ザラのような一部のメーカーは、質のいいものを低価格で大量に提供し、短期間で巨大な市場を制覇した。というのも、カッティングも素材もよく、おまけに信じられないほど安いとなれば、競争相手はいなくなるからだ。

　私が国連の「食糧に対する権利」の特別報告者をしていたとき、バングラデシュと首都のダッカを訪問した。あのときに見た、10階から12階建ての灰色のコンクリートの建物がいまも目に焼き付いている。建物全体が汚くて、窓ガラスは割れ、階段は狭くてぐらぐら、郊外の風景を一変させていた。

若い女性たちが24時間体制で、交替でミシンの前にいた。バングラデシュには約6000の縫製工場がある。これらの工場の持ち主はインド人、バングラデシュ人、台湾人、韓国人の実業家で、多くは本物の「ハゲタカ」だ。

縫子たちはジーンズやジャケット、パンツ、ブラウス、Tシャツ、下着を裁断して縫い上げ、世界的に有名なブランドの靴やサッカーボールを作っている。こうして衣料の民間多国籍企業とバングラデシュにあるアジアの下請け工場は、天文学的な利益をあげている。

スイスのNGO（非政府組織）「パブリック・アイ」が、縫子たちによって作られる製品の剰余価値を分析した。それによると、ブランド品のスペクトラム＝セーターのジーンズは、ジュネーヴで66スイス・フラン、約54ユーロで売られている。ところが、バングラデシュの縫子が手にするのは平均25サンチームだ。ちなみに

２０１６年度は、バングラデシュで法制化されている最低賃金は月51ユーロだった。アジア地域の労働者の賃金引き上げを推進する労働団体「アジア・フロア・ウェイジ」によると、４人家族の最低限の生活を保証するには、最低賃金を月２７２ユーロに設定しなければならない。ゾーラの服を作っている縫子たちは、栄養不足と貧困で苦しんでいるだけでなく、仕事場となっているコンクリート製の建物は保全が悪く崩壊することもある。

こうして２０１３年、ダッカで工場の入っている8階建ての老朽化した建物ラナ・プラザが崩壊し、１１３８人が瓦礫の下に生き埋めになった。大半が若い女性だった。責任者は誰もお咎めなしだった。

ほかにも、遠い国で、低賃金で物が作られているのを知っているわ、たとえば、おもちゃとか……。

――そうなのだよ、ゾーラ。それが大半の資本家のやりたいことなのだ。利益を得るために、労働者を不当に安く雇って安価で物を作り、先進国の広大な市場でこの商品を売りさばく。それがうまくいくのはどの分野の商品かは簡単に想像できる。衣類、おもちゃ、スマートフォン……などだね。

現在、先進国の労働者が蒙《こうむ》っている大きなリスクの1つは空洞化で、彼らが働いていた工場が低賃金で労働者を雇うために、社会保障がないに等しい国々へ移転することだ。先進国では失業が恒常化しており、彼らもまた被害者といえる。

消費社会からは誰も逃れられないの？

――世界を資本主義が支配するかぎり、無理だろうね。資本主義体制にいるということは、注文して消費することだけでなく、ほかにも多くの面で人はがんじがらめになっているのだ。

資本家は地球を組織的に破壊している。群島のどこに暮らしていても、人は公害で苦しめられ、病気になることもある。多くの大都市では、空気が安心して吸えないものになっている。空中に有害成分がまき散らされ、それが気道に入って、ガンになったりするからだ。

同じく、水源や地下水脈、川が汚染している水を飲んで、世界で何百万人という人が病気になっている。発展途上国の人だけが水質汚染や、不十分な浄化で死んでいるのではないのだ……。

先進国でも、サラリーマンや労働者は有害物質と接触している。たとえば、セメントや断熱材に使われる鉱物のアスベストは、気管から吸い込むとガンになる。職場での汚染もまた、病気や苦しみ、死につながっているのだね。

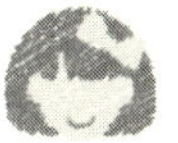

ということは、スイスの田舎にいるわたしも資本主義の害を蒙っているということ？

――その通り！　食べ物を見てごらん。ゾーラのパパとママは加工食品の冷凍食品などは買わず、市場で新鮮な野菜や果物を買っているのは知っているよ。しかし、殺虫剤に汚染した食べ物はどこにでもあるから、これを避けるのは難しい。フランスの農家は去年、畑に何万トンもの農薬をまき散らし――、それらはそのあとブドウやニンジン、牛乳のなかで発見されている。

飼育業者も同じだね。子牛や豚を感染症から守るため――ということは、業者が倒産しないために――、大半の農家は家畜を抗生物質漬けにしている……それは当然、店頭に並んでいる骨付きあばら肉やステーキ肉にも入っているというわけだ。

ＥＵの調査によると、ヨーロッパでは、各個人は年間５リットルの農薬を食品と一緒に摂取しているそうだ。

例として最近のデータをあげてみよう。ヨーロッパで昔から広く使われている除草剤にグリホサートというのがある。これがガンを発生させる可能性があることは、入手できる疫学的調査のほぼすべてで報告されている。

市民は１００万人以上の署名を集めて即時の使用禁止を訴えたのだがね、それなのに欧州委員会は２０１７年11月、農業化学系企業団体の圧力を受け、この薬品を新たに5年間使用していいと認めてしまった。

ＷＨＯ（世界保健機関）の最新報告書にはこう書かれている。世界じゅうのガンの60パーセント近くの原因は、乱れたエコシステムや不適切な食品による有害な影響である、とね。この話、まだ続けていいかな？

ええ！　とても興味があるわ

——では続けよう。学校でも習ったと思うが、広大な熱帯雨林は地球にとって緑の肺だ。オゾン層を守り、空気をよくしてくれる。ところが、多国籍の金融資本による自然破壊のなかで、最悪なものの１つが原生林の伐採《ばっさい》だ。木材の多国籍企業が原生林を乱開発して破壊しているのだ。

それに加えて、農産業の巨大な複合企業が、農園を拡大し、あるいは牛の集約飼育を増大するため、絶えず新しい土地を探している。毎年、何万ヘクタールの原生林が焼かれているのはそれが理由だね。

現在、熱帯雨林は地球の面積の2パーセントしかないけれど、しかしそこにはあらゆる種類の動植物の70パーセント近くが生息している。わずか半世紀のあいだに、地球上の原生林は23億5000万ヘクタール以上が減っている。アフリカの森林の18パーセント、太平洋アジア地域の30パーセント、南米の18パーセントが破壊されているのだ。

生物多様性の減少は警戒レベルに達している。毎日のように多くの動植物の種が根絶していき、1995年から2015年のあいだに5万種以上が絶滅している。

おじいちゃん、わたし、世界最大の原生林、アマゾン熱帯雨林の記事を読んだの。アマゾン盆地はだいたい６００万平方キロメートルで、ここ25年間で50万平方キロメートル以上の森林が消えたって。それってフランスの面積と同じくらいよ。けた外れの広さだわ！

――おや、よく知っているじゃないか、ゾーラ。ブラジルのサンパウロにある生物種検査研究所は、アマゾン盆地を人工衛星で監視していて、砂漠化の進行を定期的に写真に撮っている。

　この研究所が監視をはじめたのは１９９２年でね、以来、53万平方キロメートル以上が消滅しているのだ。さてと、自然界には大きさも色も信じられないほど多様な昆虫が何十億といて、それぞれが重要な無数の働きをしている。２０１７年、国際的な科学調査団が確認したのは、ここ30年間で、地上と空中の昆虫の数が80パーセント以上減ったということだ。

それって森林が消えたことと関係ある？

——それも1つ。しかし、おもな原因は資本主義的農業の生産様式にあるだろうね。農薬や、最大限の利益を求める競争、農作に普及している化学肥料の過剰使用……などだ。

学校で、ミツバチの死についての授業があったわ……。

——それはいい例だ！　ここスイスでは、何千万匹というミツバチが死んでいる。化学物質のスルホキサフロルという殺虫剤が空中に散布されて、その犠牲になったのだね。自然界では、ミツバチは重要な役割を演じている。ハチミツを作るだけでなく、とくに植物の花粉を運搬しているのだ。

スルホキサフロルの使用に反対して、何十万人という市民が立ち上がったのだが、無駄だった。農業化学の大手企業のほうが勝ったのだ。

結局、ゾーラはどこにいても、資本主義体制に生き方を決められてしまうのだ。豊かな国スイスでも貧しいバングラデシュでもね。

資本主義体制は自然にとっても、人類にとっても危険なものなのだよ。先進国の人間はそれを当然のものと信じこまされ、発展途上国の人々が抑えつけられているのを見て見ぬふりをしているのだ。

6 不平等、格差について

この前の夜のテレビで、おじいちゃんは格差に対して怒り、イライラしているようだった。格差は人を殺すって……。

――そう、格差はこの地球上に住む大半の人にとって憤《いきどお》りを感じるほどの現実になっている。ここで統計の話をしても退屈するだけだから、重要な数字を２つだけあげよう。

世界銀行によると、２０１７年度、世界的な民間多国籍企業５００社――産業、商業、サービス業、金融業すべて含めて――が、世界のGDPの52・８パーセントをたたき出している。

これはつまり、1年間に世界で生産されるすべての富——商品、特許、サービス、資本——の52・8パーセントということだ。

ところが、それらの経営陣はあらゆる管理体制を免れているのだよ。国からも労働組合、議会からもね。彼らが実践している戦略はただ1つ。利益を最短期間で、労働者の犠牲もかえりみず、最大化することだ。

これら世界の支配者は、金融でも政治でも理論でも、かつてない権力を握っている。人類の歴史上、どんな皇帝も法王も、王も持ちえなかったほど大きい力だ。

この状況が示すのが底なしの格差、犠牲者にとっては生死にかかわるほどのものだが、しかし、これが資本主義的生産様式をさらに勢いづかせている。この生産様式で富裕層の財力はつねに増えつづけ、逆に、貧困層はどんどん貧しくなっている。

この格差と、剰余価値の再配分と共有を無視することから生まれたのが、最大限効率のいい資本主義的生産様式というわけだ。ただしこれはきわめて閉鎖的な様式で、犠牲者のことなど考慮していない。

例としての2つ目の数字は……？

——これは2017年の数字だが、世界の億万長者の上位にいる85人が所有する財産は、貧困層にいる世界の35億人分をあわせたものと同じだということだ。それについて、オックスファム・インターナショナルの事務局長ウィニー・バイアンイマがこんなふうに皮肉っている。

「85人という、バス1台に乗れるほど少数の億万長者が、世界人口の半分の貧困層と同じくらいの財産を独占している」とね。

おじいちゃん、大金持ちと貧しい人のあいだの溝を、少しずつでも埋めることはできないの？

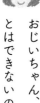

――いや、私は逆に広がるのではないかと考えている……。南半球の国々では、毎日のように死人の山ができている。大金持ちと、その他大勢の貧困層との格差は大きくなるいっぽうなのだ。

世界の上位にいる大金持ち562人の所得は、2010年から2015年のあいだに41パーセント上昇したのに対し、貧困層の30億人の所得は44パーセント減ってしまった。

ネスレ会長との討論では、2人とも完全に対立していたけれど、一回だけ、おじいちゃんが正しいと言われていたわね。格差の話だったけど、ネスレ会長はこれほどの格差は不愉快だと言っていた……。

――よく覚えているね、ゾーラ。彼は正確にはこんなふうに言っていた。

「格差は多くの人にとっては精神的に不愉快なことだ」とね。

しかしいずれにしろ、格差に関しては、私とネスレ会長とは行き違ったままだ。

ただ精神的なものや、人々が感じること――それで不快になり、辛い思いをすること――だけでなく、それ以外にも犠牲者が課せられている多くの格差がある。

もっとも目にあまり、かつ弊害のある格差の1つは税金だね。大変な大金持ちは、税金を望み通りの額しか払っていない。どんな税制も、主権国家も彼らに対して抑えがきかないのだ。

というのも、みんなカリブ海や太平洋、その他の世界じゅうにあるタックス・ヘイヴン（前述）に籍を置いているからだ。

おじいちゃんが話したいのは「パナマ文書」とか「パラダイス文書」のこと？　最近すごく話題になっているけれど……。

――そうだ。タックス・ヘイヴンでは税金らしきものがない。しかもこれらの国では、法の目をかいくぐる会社や国際的な大企業を設立することができ、ケイマン諸島やバハマ諸島のように、完全な秘密主義を貫いているので、大金持ちはそこにお金を隠すことができる。

こうして巨大な多国籍企業や、裕福な個人は自分たちの財産をいわゆる「オフショア*」の会社に置いているのだね。資金の所有者にとっては不透明さが保証されているのだ。

しかし、定期的にスキャンダルが勃発する。正義感に燃える調査報道ジャーナリストが、オフショアの会社の複雑怪奇な資金計画を明るみにだすのだ。これらのスキャンダルでは、関わりのある人物のリストが暴露される。ゾーラが言った「パナマ文書」や「パラダイス文書」などもそうだが、ほかにもヨーロッパではルクセンブルクの「ルクス・リークス」というのもある。

秘密にされているはずの名前のリストが、それでも公表されてしまうのはなぜなの？　教えて。

――いいだろう。では「パラダイス文書」を例にしよう。バミューダ諸島にある弁護士事務所アップルビー・インターナショナルで仕事をしていたひとりの人物が、おそらく良心の呵責《かしゃく》を感じたのだろうね。

２０１７年11月、10か所のタックス・ヘイヴンにあるオフショア会社の資金計画を暴露する、６５０万件の内部文書を国際調査報道ジャーナリスト連合に送り届けた。

ジャーナリストたちはこれらの資料を徹底的に分析し、数字を引きだした。そのジャーナリスト連合に属しているフランスの新聞『ル・モンド』の算定によると、

＊「沿岸から離れた」、「沖合」、「本土の外」の意味。

毎年、３５００億ユーロの税金が各国の税制を免れ、うちフランスだけで２００億ユーロになっているそうだ。

まあ、腹が立つ！　その他大勢の一般人は、1銭も無駄にしないように使っている人が多いのに、それなのに税金を払わされているし……国は税収が足りないので公共サービスをカットしているし……。

――公共サービスと結びつける解釈は素晴らしいよ、ゾーラ。大当たりだ！　大金持ちの連中が自分たちを守るために引き合いに出す新自由主義の理論を否定している。

たとえば、その理論に多大な影響を与えた経済学者のひとり、アダム・スミス（１７２３―１７９０年）は――彼についてはあとでまた話そう――、実際にこう主張している。

「富は、健康と同じように、自分で築くもので、他人を貧乏にして得るものではない」とね。

この考え方でいくと、たとえば、健康は自分でよくするもので、それによって他人が病気になることはない、ということになる……。これはとんでもない間違いだ！　富と健康を比べても理論が成り立たない！　ゾーラはそれを完全に理解したね。

富裕層が自分たちの財産を隠して税金を払わないから、国庫が空になっている。20世紀の後半、ヨーロッパの福祉国家は、暴走する資本主義から市民を守るため、いまとは違うふうに進展していた……。

ちょっと待って。その福祉国家ってなあに？

——福祉国家というのはね、19世紀の終わりに資本主義が台頭したのにともなって、いくつかの国であらわれたもので、国が介入して労働者層を多少なりとも保護することだ。

最初は医療保険など、試行錯誤だったようだね。それでも第二次世界大戦後、この保護政策は社会正義に応える形で（老齢年金、失業保険、家族手当、生活保護、奨学金……など）発展していった。もちろん、社会運動や労働組合、共産主義……などの闘争が拡大するのを恐れてのことだったのだがね。

福祉国家が実施したのは、社会保障や莫大な富の再配分で、たとえば税金は段階的な計算表をもとに、貧困層は少額、富裕層は多く払うというやり方だった。また、学校や保育園、病院や公共交通機関を資金援助し、農業やスポーツ活動に補助金を与える……などもそうだったね。

「……だった」とは、現在、ここまで進化した保護政策がすべてストップしているということ？

――そうなのだよ、ゾーラ。ユニセフによると、２０１７年、スペインの10歳以下の子どもの11パーセントは栄養不良の状態だ。ベルリンの貧困区の学校では、教師たちが毎朝、パンやミルクを持って学校へ行く。というのも、子どもたちの多くが朝食抜きで、お腹を空かして学校にくるからだ。空腹のあまり、普通の授業についていけないのだね。

一部の国では、財源不足から公共サービスを段階的に削っている。病院や公共交通機関、学校、高校、大学、港や空港、刑務所や警察までもだ。給与所得者の保護政策はどの国でも後退している。その結果、先の見えない不安定感が家庭に漂い、明日への不安が渦巻いている。排除が徐々に進んでいるのだ。

ゾーラはアンゲラ・メルケルという女性を知っているかな？

ドイツの大統領では……。

――いや首相だよ、ドイツはヨーロッパではいちばん豊かな国だ。彼女が恐ろしい表現を使っている。「台座となる失業（Sockelarbeitslosigkeit）」という、なんとも翻訳不可能な言葉だがね。

ここで言いたいことは、100万人単位の恒久失業者が土台となって資本主義体制が築かれるということだ。恒久失業者とは、永遠に仕事がなく、給料はもらえず、普通の家庭生活を送れない人のことで、現在ヨーロッパに3600万人以上もいる。おまけに、その半数以上は25歳以下の若い男女だ。

しかし、これはヨーロッパだけの話ではない。工業先進国で、富裕層が税金逃れをしている――結果として国庫収入が激減している――国では、失業が大問題になっている。

ところで当然だけど、ゾーラは「プレッジング会合」が何かを知らないよね？

ええ、ぜんぜん知らないわ……。

――これは国連の特別な制度でね。世界のどこかで人的被害の大きい災害が発生すると、そのつど世界食糧計画（WFP）とユニセフ、国連難民高等弁務官事務所（UNHCR）が各国に呼びかけ、各国の大使を国連に招集する。

そして国連ジュネーヴ事務局か、ニューヨークの国連本部に設置された長テーブルをかこんで、国連の専門官が各国の外交官に向き合い、大災害の性質と被害の大きさ、期待したい支援と、それにかかる費用などを説明する。

それを受けて、各国の外交官が順番に、その国が捻出できる金額を明らかにするという流れだ。「プレッジング会合」とはつまり、「資金拠出を表明する会議」なのだ。

それで、人道支援団体はこのお金を全額受けとれるの？

——そうでもないのだよ。例をあげよう。２０１７年のはじめ、恐ろしい大災害が４か国で同時に発生した。南スーダン、ソマリア、ケニア北部、イエメンで、数百万人の子ども、女性、男性の命が危険にさらされた。

原因は？

——長引く干ばつで、農作物が壊滅的被害を受け、内戦が勃発、水が汚染されてコレラが猛威をふるった。

２０１７年３月、ジュネーヴで「プレッジング会合」が開催された。国連の専門官は、９月までの６か月間、２４００万人の命をつなぎとめるために40億ドルの拠出を要請したのだが、最終的に受けとったのは2400万ドルだった……。

それは少なすぎるんじゃない？

——もちろん。しかし、どの外交官もこう言って弁解した。

「国庫が空でして……、わが国としてはこれ以上拠出できません」

それでどうなったの？

——イエメンと南スーダン、ケニア北部、ソマリア南部で、人々は死んでいった。数万人もね。私のような老人も、ゾーラのような若者もね。私たちと犠牲者を分けるのは、どの国で生まれたかの偶然性だけなのだ。

7 隠された真実――発展途上国は先進国への債務返済に追われている

でも、豊かな先進国は発展途上国の人たちが食べられるよう、たくさん支援しているんじゃないの？

――いや、それが違うのだよ、ゾーラ。実際に起きているのはまったく逆のことだ。貧しい発展途上国の人たちは、先進国にお金を払うために必死に働いているのが現実だ。彼らは、先進国のとくに支配者階級にお金を払っているのだよ。現在、発展途上国を支配するのにもっとも有効な方法は、債務漬けにすることだ。

お金の流れは、「発展途上国 → 先進国」のほうが、「先進国 → 発展途上国」より多いのだよ。貧しい国々が豊かな国に年間支払うお金は、人道支援や開発援助と称して、投資の形で受けとる金額よりも多くなっている。

人々を支配するのに、機関銃やナパーム弾、装甲車などはまったく必要ない。現在は債務で事がすんでいる。そうして、たとえばアフリカ大陸ではとんでもないことが起きている。アフリカの人々の35・2パーセント以上が深刻な栄養不良に陥っているのだ。

だけどなぜ？　学校で習ったのは、アフリカには肥沃《ひよく》な土地がたくさんあって、人口密度も低い。だから、みんなのための土地がある！

——こういう状況になったおもな原因は、まさにこれらの国が負う債務にある。これについては説明が必要だろうね。

債務には2つあり、国が負う債務の「ソブリン債」（外国通貨建て国債）と、それと民間企業が負う債務を合わせた「グローバル債」を区別しなければならない。

そしてここではソブリン債だが、発展途上国すべてを合わせた総額は——ブラジル、ロシア、インド、中国、南アフリカは新興国に属するので除く——、2016年、1兆5000億ドルを超えるという天文学的な数字になっている。

この債務が、貧困国にとって金縛りのようになっている。どういうことになっているのか、説明しよう。

アフリカの農民の大半は、化学肥料も作物用の種も入手できず、農業銀行もなければ、強力なトラクターも、灌漑設備もない。というのも、各国政府は対外債務に押しつぶされており、国庫には農業に投資するお金が一銭もないからだ。

少しでも入ったお金——セネガルは落花生、マリは綿の輸出で——は、債務利子や減価償却（返済）の名目で、そのままヨーロッパやアメリカの銀行に行ってしまう。結果、農業に投資するお金が一銭も残らない。

ちなみにサハラ砂漠より南のアフリカでは、人工的に灌漑が行われているのは農地の3パーセントのみ、その他の農地では、いまだに天水農業が行われ、3000

年前とまったく変わらないのだ。

農業機械に関しての状況も悲惨だ。世界ではトラクターが約４０００万台使われているが、動物による農具がまだ3億台もある。この問題が決定的になっているのだね。

たとえばカナダ中西部の肥沃な地サスカチュワン州の大平野では、２００馬力のトラクターのおかげで農民がひとりで２０００ヘクタールを耕している。しかし、発展途上国の農民27億人の大半は、現在もなお鉈《なた》や鋤《すき》だけで畑を耕している……。

この債務はどこからくるの？

――まず、これははっきり言っておく。債務は、世界の弱肉強食の理念と、グローバル化した金融資本のオリガーキーの立場を保証しているということだ。植民地からの独立が続いた時代に、世界銀行やＩＭＦ（国際通貨基金）といった国際組織が、第三世界の国々に莫大な資金を貸付け、西欧の資本主義をモデルにした工業化と、インフラの開発を推奨した。

植民地は消滅したが、しかし、旧宗主国は引き続き旧植民地の資源を開発し、場合によっては市場も開設した。これらの国の一部の独裁政権は貸付けを利用して武器を購入し、戦争をして、国民には圧政をしいた。

貧困国が銀行に利息も減価償却も払えなくなり、万策尽きると、返済の猶予や再分割、さらには債務の減額まで頼む事態に陥ってしまう。そして銀行側はこの状況を利用する。つまり、債務国の要請を――いずれにしろ一部――、きわめて厳しい条件つきで受け入れるのだ。

条件とは、鉱山や電気通信の公共サービスなど、採算性のある少数企業を民営化させ、外国――つまり債権国――へ身売りさせる。あるいは、これらの国で事業展開する多国籍企業への不当な税制の特権、自国軍に装備する武器の強制的な購入、などだね。

ということは、そうなると、債務国はお金がないので国を正常に運営できず、独立性を失うのでは？

——たしかにそうだね、ゾーラ。債務の支払いができなくなると、国は国家予算に組み込まれた支出を減額しなければならなくなる。

それで苦しむのは誰だろう？　いわずとしれた国民で、最初にくるのが底辺にいる貧困層だ。ブラジルの大地主や、インドネシアの支配階級は、公立学校が閉鎖されても困らない。子どもたちはフランスやスイス、アメリカの学校で勉強しているからだね。

公共病院が閉鎖されたら？　これも気にしない。家族はジュネーヴの大学病院やフランスのヌイイ＝シュル＝セーヌのアメリカン病院、ロンドンやマイアミのクリニックで治療を受けている。

負債の重圧は最初に貧困層を苦しめるのだ。

だけど、いまも、この負債がふくらみ続けているのはどうしてなの？

——そのいちばんの原因は現在、貿易の不均衡にある。債務国は原材料、とくに農業——綿、コーヒー、砂糖、落花生、ココアなど——の輸出国であることが多いのだが、そのために必要な生産財——機械やトラック、薬品、セメント……など——は輸入しなければならない。

　ところが世界市場では、この20年間、生産財の価格が6倍以上になっているのに対し、農業産品の価格は下がりつづけている。一部の価格、コーヒーや砂糖は崩壊しているといっていいだろう。こうして債務国は、破産を避けるために新たな借り入れ契約を結ぶはめになっているのだ。

　負債のもう1つの原因は、発展途上国の国家財政が乱脈をきわめていることだ。買収行為がはびこり、スイスやフランス、アメリカなど先進国の民間銀行と積極的に連携した組織的な汚職が猛威をふるっている。

旧ザイール、現コンゴ民主共和国の独裁者だった、故ジョセフ・デジレ・モブツ元大統領一家の財産は、約40億ドルだったと言われている。これらは先進国の銀行に隠されていた。彼が亡くなったとき、コンゴ民主共和国の対外債務は130億ドルにもなっていた……。

もう1つの原因としてあげられるのは、ここに農業産品やサービス業、産業、商業の多国籍企業、あるいは国際的な銀行がかかわっていることだ。これらさまざまな大企業は現在、発展途上国のおもな経済分野を支配し、多くはけた外れの利益を得ている。

しかし、これらの利益の大部分は、毎年、ヨーロッパや北米、中国、日本にある本社に外国為替の形で送還され、現地の貨幣で再投資されるのはほんの一部だけだ。

でも、おじいちゃん、借金の利率はこのところだいぶ下がったのではないの？　それで債務の負担も軽くなっているのでは？

――ところがそうではないのだよ。発展途上国は借入金に対して不当に高い利息を払わされている。世界金融の支配者から見れば、第三世界の国や企業への貸付けはハイリスクなものに映る。だから当然（資本主義の結果として）、先進国の大銀行は先進国とは比べものにならないほどの高率で利息を課すことになる。この過剰な利息が発展途上国の財政に大きなダメージを与えているのだね。

発展途上国はこの悪循環から抜けだせないということ？

――いや、そういうわけでもない。ペルー共和国の元大統領、アラン・ガルシア（任期1985―1990年、2006―2011年）の例を見てみよう。

ペルーは財政状況が破滅的になり、ＩＭＦや外国民間銀行からの対外債務の全額を返済できないとみた彼は、返済総額の30パーセントしか払わないことを決断した。

スゴイ！

――そう思うだろう。ところが実際は、魚粉を積んだペルー船籍の最初の船がハンブルク港に接岸すると同時に、銀行連合の要請を受けたドイツの司法に差し押さえられてしまった。

また当時、ペルー空軍は国際的にみても優秀な飛行隊を所有していた。それで、ペルーが一方的に対外債務の支払いを減額すると通告したあとの数か月間、最初の飛行隊がニューヨークやマドリッド、ロンドンの空港に着陸すると、その場で各債権者の要請にもとづいて差し押さえられてしまった。

だから債務超過で苦しむ発展途上国は現在、完全な鎖国経済――国際貿易とは断絶する――でもしないかぎり、この締め付けからは逃れられないことになっている。

でも、ここまで人々を、とくに子どもたちを苦しめて、資本家たちはそれをどのように正当化できるの？

――前面に出している弁明は単純なものだが、それは世界の多くの人から見て、とくに先進国ではかなり説得力がある。銀行家が言うには、仮に発展途上国が債務を払えなくなったら、世界じゅうの銀行システムが崩壊し、世界全体が奈落の底に突き落とされるというものだ。

それって本当なの？

――嘘に決まっている！　ゾーラが生まれる前、私は長くスイス連邦議会の下院にあたる国民議会のジュネーヴ選出議員で、外交委員会に属していた。そのとき、銀行のオリガーキーに肩入れしている財務大臣のひとりが、何度こう言っていたか、ゾーラに知って欲しいほどだ。

「債務に手をつける者は誰であれ、世界経済を危険に陥れる！」とね。

どこか1つの国が債務を返済できず、支払い不能の烙印を押されるたび、『ウォールストリート・ジャーナル』や『フィナンシャル・タイムズ』は世界の終わりと書き立てる。ところが、じつはそうではないのだよ。

2008年から2009年、猛威をふるった金融危機（リーマンショック）で、金融市場のほぼ大半が大打撃を受け、数千億ドルもの資産が消えた。2年間で、株式市場に上場された一部の証券は65パーセントも株価を下げた。

ナスダック（1971年に開設された最初の新興企業市場で、誕生まもないハイテク企業の大半を受け入れた）に上場していたハイテク関連証券の一部には、80パーセントも株価を下げたものもあった。この期間に価値を失った有価証券は、発展途上国１２２か国全体の対外債務を合わせた価値より70倍も高かった。

それなのに、最終的にはかなり短期間に金融市場は持ち直した。世界の銀行システムは危機を乗り切ったのだ。

そして、発展途上国の債務状況はいまどんな段階なの？

——締め付けはまだ残っている。とくにいちばんの貧困国の債務がかつてないほど高くなっている。多くの人々が、先進国によって意図的に、経済の発展途上国に甘んじさせられている！

例として、２００年前に初めて白人による奴隷制度を廃止させたハイチ人の話をしよう。１７９１年、フランス革命の成功に触発されたハイチの人々は、反乱によって奴隷を解放した。

１８０２年、ハイチ人は、ナポレオン・ボナパルトが奴隷制度を復活させる目的で派遣した重装備の遠征軍を撃退し、さらに１８１４年には、ルイ18世が権力を認めさせるために交渉役としてハイチに送り込んだフランコ・ド・メディナの首を斬った。

そこでフランスは戦略を変えた。ハイチに対して金融、経済、外交、とくに船舶の出港停止令を布告、この経済封鎖にイギリスやその他ヨーロッパの大国が加担した。国家の破産を避けるため、当時のハイチ大統領ジャン＝ピエール・ボワイエは、フランスが要求する植民地時代の農園や奴隷を手放したことへの賠償の支払いに合意することにした。

ボワイエ大統領はフランスに対し、１億５０００万フランも支払うことを受け入れざるをえなかったのだ。この莫大な金額は、年払いで、１８８３年まで50年以上もかけて完全に支払われた。

でも、そのあいだ、ハイチの人たちは何も抗議しなかったの？

――ゾーラ、私の話はまだ終わっていない……。

2001年9月2日、コフィー・アナン国連事務総長（当時）が南アフリカのダーバンで、人種差別に反対する初の世界会議を開催した。

ハイチ代表団を統率してきたのは当時の大統領ジャン＝ベルトラン・アリスティド、元サレジオ会の司祭で、褐色の肌をした小柄な政治家だった。ダーバンで、アリスティド大統領はフランスに対して痛烈な演説を行い、ラテンアメリカやアジア、アフリカの代表たちから熱烈な喝采を受けた。

彼はフランスに1億5000万フランの返済と、プラス、その総額にかかる1814年からの利息の合計の支払いを要求したのだ。

フランス代表はもちろん拒否した。2004年2月、アリスティド政権はクーデターによって倒されたのだが、ハイチ人の多くは、このクーデターがフランスの特殊部隊によって仕組まれたと確信している。

海上封鎖で脅すなんて、ルイ18世の行動はなんて汚いの……。

——ああ、ゾーラ。しかし残念ながら、世界の権力者が他人を見下し、冷酷な仕打ちにでる態度はいまもそう変わっていないのだよ。現在の資本主義者がやっていることは、200年前のフランスとなんら変わりはない。ハゲタカファンドのやっていることがまさにそうだ。

ハゲタカファンドって聞いたことがあるけれど、正確にはどういうものなの？　だって、おじいちゃんと会うたびにその話をしてもらっていたから……。

――さっき話した通り、発展途上国の大半は対外債務に押しつぶされそうになっている。定期的に、一部の国は返済不能になって、債権側の大銀行に利息も減価償却分も払えなくなるのだね。その時点で、破産寸前になった国はこう言う。「わが国はもう払えません。債務を減額する相談に乗ってください」とね。

銀行側がそれに応じることがある。彼らの理論は、1銭ももらわないより、全体の30パーセントでも40パーセントでももらったほうがいいというものだ。そこで債務国は、債券と呼ばれる、当初の金額より70パーセントから60パーセント減額した新たな有価証券を発行する。

しかし、元の債券証書はそのまま市場に出回っている。ときを見計らって、タックス・ヘイヴンのバハマやキュラソー島、ジャージー島に本社を置く投資ファンドはそれらを非常な安値で買いたたき、次にニューヨークやロンドン、その他の国の裁判所に提訴して、原本の債務の100パーセントの返済を求める。そして、たいていの場合、ハゲタカが勝訴する！　まさに死んだ動物や瀕死《ひんし》の動物を餌《えさ》にするハゲタカのようにね。

エーッ！　ちょっと難しい！

——例をあげよう。1979年、ザンビアはルーマニアから農業用の装備品を3000万ドルで輸入した。しかし1984年、国は支払いができなくなった。このときとばかり、ヴァージン諸島にあるファンドの一社がルーマニアの債券証書を300万ドルで買った。そしてその会社はそのあと、元の3000万ドルの支払いを求めてロンドンの法廷に提訴した。

勝訴した会社はついで、世界じゅうに輸出されているザンビアの銅や、ロンドンにあるザンビア政府の不動産、南アフリカに入国するザンビアのトラック……などを差し押さえた。

結局、ザンビア政府は譲歩し、このハゲタカファンドに1550万ドルを支払うことにした。

２０１７年現在、26社のハゲタカファンドが債務国32か国に対して48か所の裁判所に提訴しており、その訴訟手続きが２２７件も係争中だ。

ハゲタカファンドが勝訴する割合は、２００５年から２０１５年のあいだで77パーセントにのぼっている。この期間に彼らが手にした利益は33パーセントから１６００パーセントとさまざまだ。

こんな冷酷なことが行われているなんて！　貧しい人たちはハゲタカファンドからいっさい守られていないということね。法律を変えて、こんな卑劣な行為を禁止することはできないの？　法律を新しくするべきではないの？

――貧しい人たちは実際、何からも守られていない。いくつかのケースでは、ハゲタカファンドは人さえ殺しているのだよ。アフリカ南東部にある小さな農業国マラウイの例をあげよう。

この国の国民の主食はトウモロコシで、飢饉が頻繁に起きることから、政府はその対策としてトウモロコシを貯蔵していた。貯蔵庫を管轄していたのは食糧貯蔵庁で、2000年には4万トンのトウモロコシが貯蔵されていた。2002年、激しい干ばつによって収穫の大部分が被害を受け、人口1100万人のうち700万人が飢饉に見舞われた……。

ところが、政府には国民を救援するための貯蔵がもうなかった。貯蔵庫は空っぽだったのだ。じつはその数か月前、イギリスの裁判所が食糧貯蔵庁に4万トンのトウモロコシを世界市場に売るよう判決を下していたのだね。それは、あるハゲタカファンドに同額を外貨で払うためだった。

こうしてマラウイでは、数十万人の子どもも含めた老若男女が飢えで死んでしまったのだ。

それはおかしいわ、おじいちゃん。債務の減額交渉に応じた銀行側は、ハゲタカファンドのやり方に反対しないの？

——もっと悪い！　銀行側は口をはさまないだけでなく、多くは2つの態度を使い分けている。ハゲタカファンドによって生まれる利潤はけた外れで、大銀行の多くはこれらハゲタカファンドの大株主でもある……。

でも、どうしてそんなことが可能なの？

——とても単純な話だ。最初に債務の減額交渉が行われるとき、債権を持つ大銀行のトップが交渉テーブルにつき、債務国の財務大臣と向かい合う。交渉成立後、銀行のトップはニューヨークやパリ、ロンドン、フランクフルト、チューリッヒにあるそれぞれのオフィスに帰り……そして、ハゲタカファンドに法外な信用貸付けを行うというわけだ。

こんなダブルスタンダードのようなやり方を誰も告発しないの？

——国連の人権理事会で、アフリカ諸国に支援されたラテンアメリカの国が集団で、ハゲタカファンドを禁止する新しい国際協定の策定を提案したことがあった。

しかし、当のハゲタカファンドのロビー活動があったのは明らかで、先進国の多く——フランス、ドイツ、アメリカ……など——はこの提案を骨抜きにしたのだ。

こうして、ハゲタカは誰からも罰せられず、のうのうと生き延びているのだよ。

8　表に出ない資本主義の裏の顔

資本家がこんなに悪いことをしているのに、なぜ誰も抗議しないの？　いい人はたくさんいるのに？　不正が行われているのに、なぜみんな何もしないの？

——理由はたくさんあって、しかも複雑だ。まず私が思うのは、先進国では誰も世界の現状について本気で考えようとしないことだ。私の亡くなった友人で、人道支援団体「人間の大地」を創設したエドモンド・カイザーは、彼が人生を捧げた第三世界の子どもたちについてこう書いていた。

「世界という圧力鍋の蓋を開けると、煮えたぎる怒号の凄まじさに、天も地も後ずさりしてしまうだろう。なぜなら、天も地も、我われの誰ひとりも、子どもたちの恐ろしいほどの不幸や、彼らを押しつぶす権力が、いかに大きくて重いかを本当に推し測ろうとはしなかったからだ」とね。

私が国連人権委員会（現・人権理事会）の「食糧に対する権利」の特別報告者に就任した当初、報告書に栄養不良で病気になった子どもたちの写真を添付していた。とくに顔が変形してしまう水癌《すいがん》（壊疽《えそ》性口内炎）の犠牲になった子どもたちの写真だね。

ええ、覚えているわ。おじいちゃんが見せてくれたから。子どもの顔が想像もできないほどひどい形に変わっている。恐ろしい病気！

――そう。まず、子どもたちの歯肉などが細菌に感染して、それから壊死《えし》によって軟組織がだんだんと崩れていく。唇や頬が消え、ぽっかりと穴があき、目は下に落ちる。というのも、眼窩がなくなってしまうからだ。顎は閉じてしまい、子どもたちは口を開けることができなくなる……。

　私が就任した当初から、国連人権委員会の議長エリック・ティストゥネは私に対して共感を示してくれた。ある夜、私が提案した勧告がどれもこれも否決され、これ以上ないほど落ち込んでいたとき、エリックが言った。

「あなたは、報告書にこのような衝撃的な写真を添付すべきではなかった……。これらの写真は大使に拒否反応を抱かせます。顔が崩れてしまった子どもの写真は見るに耐えられないので、みんな報告書の中身を読まずに横に置いてしまうのです」とね。

　その夜以来、私は写真を添付するのを止めた。慢性的な栄養不良によって引き起こされる惨劇や苦しみについて詳しく書くこともね。

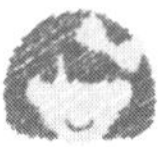

でも、それを知ってもらうために、世の中には新聞やテレビがたくさんある……。

――いや、ほとんどのジャーナリストは意図的にしろ、無意識にしろ自己規制をしている。それに加えて、報道の自由を第一にかかげる民主主義の先進国では現在、一握りの億万長者が主要なメディアを支配しているという事実がある。

フランスでも、5人の億万長者が週刊誌、月刊誌、新聞の80パーセント以上を所有しているのだ。事実、弱肉強食的な世界理念の犠牲者について、衝撃的な情報は一般人には届かなくなっているのだよ。

えーっ、本当にそうなの？　そういう例は何かあるの？

――たくさんあるよ。たとえば、2001年9月11日に何が起きたかを見てみよう。イスラム過激派のテロリストが、乗客で満員の2機の飛行機でニューヨークのツインタワーに突入し、3機目はワシントンのペンタゴン（国防総省）に激突し、4機目はペンシルベニア州ピッツバーグ郊外で墜落した。

この同時多発テロでは、崩壊した建物と飛行機のなかで、国籍の違う67か国の老若男女、子ども2973人が焼死して亡くなった。この悲劇は世界じゅうを揺るがし、十数年経ったいまもなお人々の記憶に刻まれている。

しかし、この同じ2001年9月11日、これは南半球では毎日のことだが、10歳以下の子どもが3万5000人以上も飢えとそれに伴う後遺症で亡くなっていた。このことはほとんど誰も話題にしなかったね。

ということは、資本家は良心の呵責など感じていないということ?

――それはどうだろうか。ただし、彼らが決まって言うのは、世界を支配しているのは「市場の見えざる手」で、それは惑星の引力や軌道と同じように、「自然」の不変なる法則によって動くというものだ。

彼らが自分たちの行為を正当化するために主張する理論は、一貫しており、攻撃的で複雑で、信じられないほど説得力がある。それは「新自由主義」と呼ばれているものだ。

それって、正確にどういうものなの？

——私が国連の特別報告者をしていたときに出会った著名な銀行家のなかで、もっとも頭がよく教養があったひとりは、間違いなくジェームズ・ウォルフェンソンだろう。オーストラリアの億万長者で、世界銀行総裁になった人物だ。熱血漢でね、気持ちよく話のできる相手だった。

ウォルフェンソンには、人類が最終的に目ざす世界として1つの信条があり、それを私も出席した世界銀行のセミナーで事あるごとに語っていた。彼の信条は「グローバル・ガバナンス」（国家を無視した世界統治）というものだ。これが言わんとしていることは明確だ。いっさいの制約から解放された世界市場の自己規制を信頼しよう、とね。あるいはこうも言える。経済分野での公的な管理機関はすべて排除しよう、ともね。

ウォルフェンソンのような資本家にとって、いちばんに根拠とする理論はこうだ。もし資本が完全に自由に動き、つまり、国家が何も管理せず、領土間の流通も規制しなかったら、資本は刻一刻と移動して、そこで最大限の利益をあげる。こうして、民間資本の自由な動きと、生産性の急速な増大は密接に結びついているというわけだ。

私の友人で、残念ながら早くに亡くなったフランスの社会学者のピエール・ブルデュー（1930―2002年）は、新自由主義を妄想ととらえてこう言っていた。「反啓蒙主義、つまり意図的に問題を隠蔽することがぶり返されている。しかも、今回、我われが関わりあうのは理屈を楯に正当化する相手だ」

新自由主義者はもっともらしいことを言っているようで、じつは平気で嘘を垂れ流しているのだ。

それはどんな嘘なの？　説明してもらえるかしら？

――1991年8月にソ連邦が崩壊して以来、金融資本主義があっという間に世界じゅうに広まった。ここで支配的になったイデオロギーが新自由主義だった。この時期の特徴を、作家のギィ・ドゥボールは的確にこう表現している。「初めて、同じ考えの人間（資本主義者）が、人のなすこと言うことすべての支配者になった」とね。

1991年以降、自由化は劇的に進化した。前にも言ったが、1992年から2002年の10年間で、世界のGDPは2倍になり、貿易量は3倍になった。それと同時に、南半球の多くの国では貧困が増大した。

したがって、世界市場の急速な自由化は貧困を根絶しなかったということになる。それは世界を支配する資本家のオリガーキーがほぼ独占する利益に沿って実現したのだ。この新たな反啓蒙主義による事実の隠蔽は恐ろしく根が深い。まだ続けて話していいかな？

ええ、頑張ってついていくわ。

――では、新自由主義が要求するところの貿易の完全な自由化について少し話そう。実際、この貿易の完全な自由化は、たとえていうと、ボクシングでヘビー級世界チャンピオンのマイク・タイソンと、栄養不良で病弱なバングラデシュの失業者が闘うようなものだ。資本家はこう断言する。

「試合は公正なルールに従っている。2人のボクサーの条件は同じで、強いほうが勝つ！」

一見したところ、資本主義者は本当のことを言っている。タイソンとバングラデシュ人の条件は同じだ。同じリングで、同じ試合時間、グローブも同じ、ルールも同じなら、そのための審判もいる……。しかしそれでも、結果はバングラデシュ人が叩きのめされることは試合前からわかっている。

たとえば、新自由主義者が唱える外国人投資家と国内投資家を平等に取り扱うという原則を見てみよう。

コートジボワールは、ゾーラも知っているように、世界一のカカオ豆生産国だ。しかし、もしネスレやほかの大企業が豆の処理工場を地元の工場のそばに開設したら、あっという間に、地元の工場が破産に追い込まれるのは明らかだ……。

どうして？

——世界の企業ランキングで15位、農産食品企業では世界最大の多国籍企業ネスレには、ほぼ無制限の軍資金がある。その気になれば、コートジボワールの処理工場を破産させることさえできる。カカオ豆の栽培業者に地元の投資家が払う買値より高値を払って買い付ければいいだけだ。地元の加工処理業者がやむなく夜逃げをする日までね。

以降、独占的な立場になった大企業は、買値を大幅に下げていく、しかも強制的にね。こうして、投資家を平等に取り扱うという新自由主義の大原則は、発展途上国の工業化の大きな障害になっており、貧困からも抜けだせないというわけだ。

それってどこか間違っていると思うわ。自由主義って、より多くの自由という意味でしょ？　そしてみんな自由が好き！

――それはそうだ、ゾーラ。みんな自由は好きだ。しかし、新自由主義とは、資本主義の支持者から発せられる幻想とも言える。自由貿易と政策の自由は同義語と言えるだろうね。

元欧州委員会行動庁の委員で、のちにＷＴＯ（世界貿易機関）の事務局長になったパスカル・ラミーは、骨の髄までの新自由主義者でね。政界ではなぜか左派の一部とも近いのだけれど、それはそれとして、現在、自由貿易のインフルエンサーとしてもっとも才能と知性のあるひとりであるのは間違いない。その彼がこんなことを言っている。

「私の信条は、貿易で開かれた国ほど抑圧的ではなくなるということだ」

ところが、それも嘘だ。たとえば、中華人民共和国の現最高指導者である習近平は、貿易の完全自由化を信奉するひとりだが、中国は世界でもっとも抑圧的な国に数えられている。死刑執行の数では世界記録を保持しているほどだ。一党独裁制で、秘密警察は絶対的な力を持ち、ストは法律によって犯罪とみなされている。

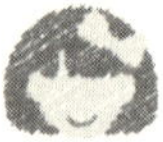

それでもわたしは、資本家が全部あくどいとは思わないし、成功した人のなかには、従業員に仕事を供給し、役に立つものを生産して、みんなのためにいいことをしようと思っている人がいると思うけれど……。

――その通りだよ、ゾーラ。良心の呵責を和らげるために、彼らには秘密の兵器がある。それを「ゴールデン・レイン」（金の雨）と言う。

えーっ、何それ、神話の話？　全能の神ゼウスが雨を降らせて土地を豊かにするとか？

――これはジョークではない。18世紀から19世紀に2人の大物経済学者によって考案された言葉だ。自由貿易を擁護する理論を唱えた、イギリスの経済学者デヴィッド・リカード（1772―1823年）と、前にも話したアダム・スミス（1723―1790年）だね。

2人とも短期間で大金持ちになっていて、リカードはロンドン証券取引所のブローカー、アダム・スミスはスコットランドの関税委員だった。

彼らの理論はこうだ。パンが増えてある程度に達すると、ほぼ自動的に貧困層に再配分される。金持ちは自分の欲求を満足させる以上の富を楽しむことができず――どんなに高価で法外なものであっても――、自ら再配分を行っていくというものだ。

つまり、富はあるレベルを超えたら、資本家はそれ以上の富を蓄えず、再配分していく。億万長者はあり余るお金をどう使ったらいいのかわからない――文字通りの意味で――ので、自分の運転手の給料を増やす……という理論だ。

でも、それって当然じゃない？ どんなお金持ちだって、一度に3台のロールスロイスには乗れないし、同時に5軒の豪華な別荘に泊まることもできないし、一回の食事でキャビアを5キロ食べることもできない！

――リカードとスミスが考えたのもまさにそういうことで、それを本にも書いている。2人の理論によると、富の蓄積には客観的にみて限度がある。もし大金持ちが自分のお金すべてを使うことができなくなったら、使えずに余ったぶんを周囲の貧しい人にまで再配分するようになる。こうしてある日、貧しい人や空腹に苦しむ人たちに「金の雨」が降るというわけだね。

しかし、リカードとスミスが間違っていたのは明らかだ。2人の理論が成り立つのは、そのものが持つ使用価値を根拠にしているからだ。

ところが、オリガーキーによる富の蓄積の原動力になっているのはただ1つ。貪欲さ、支配欲、つねに競争相手より多くの富、資本を蓄積したいという欲望だ。利益を際限なく追求するということになれば、使用価値には何の意味もなくなる。

ということは、リカードとスミスは間違っていたの？

——そういうことだ。しかもひどい間違いだね。

こんな大きな間違いがあるのに、それでもまだこの新自由主義を信じている人がいるの？

――それが、世界にはたくさんいるのだよ。経済はいまや人間の意思ではなく、かの有名な「自然の法則」に従うということを、私たちは信じ込まされている。市場の力は完全に人間の手を離れ、いずれは制御不可能になるだろうね。私たち人間は従うしかなくなるだろう。

　私がいまでも覚えているのは、２０００年に行ったベルリンでの１日だ。当時の私は社会主義インターナショナル（国際組織）評議会のメンバーで、大会があったのだ。会場は有名な国会議事堂の一室だった。ヒトラー政権下の１９３３年に不審火で炎上し、第二次世界大戦の後半に爆撃で破壊されたが、東西ドイツ統一後に大々的に修復された歴史的建物だね。

　当時はデュッセルドルフをはじめ、ボーフム、ドルトムント、エッセンといった、ドイツ工業の中心地ルール地方のあらゆる都市で、何十万人という労働者、技術者、管理職が工場の移転に反対してデモを行っていた。

なぜ工場が移転されるのか？　それはライン地方の資本家の多くは、彼らが手にする利幅に不満で、どう見ても低すぎると思っていたからだ。そこで工場を国外に移転――それでも採算は十分――することに決めたのだ。

近くではルーマニアやスロバキア、ハンガリー、遠くでは台湾や、「世界の工場」といわれる中国までね。これらの地域だとどこでも賃金はドイツよりはるかに安く、利益を2倍、さらには3倍にできるのは確実だった。

ドイツ最大の労働組合といわれる金属産業労働組合（ＩＧメタル）は、数か月にわたって組合員を動員し、政府の介入を求め、工場移転を禁止するように要求した。ドイツの資本家の目論みは実際、重工業――鋼鉄、機械など――の分野で失業者を大量に増やすことと同じだったからね。

社会主義インターナショナル大会で議長をつとめたのは、当時のドイツ首相ゲアハハルト・シュレーダー（1944年—）だった。彼はエネルギッシュで陽気で言葉に裏がない。陰湿な官僚とは正反対のタイプだった。

彼は私たちには、デモ隊の怒りと不安はよく理解できるが、何も打つ手がないと説明していたね。それでも、連立を組んでいた政権では、彼が党首をつとめるSPD（社会民主党）が議会第一党で主導権を握っていたから、ルール地方の重工業の解体を禁止する法律を問題なく可決できるはずだった。そうして、利益を最大化する資本家の目論みは失敗に終わり、何十万人という失業者を守ることができたはずだった。

問題は、政府と資本家の力関係ではなかったのは明らかで、なんと、シュレーダー自らが自分の意志で新自由主義の反啓蒙主義に屈服し、受け入れたことだった。

彼は私たちにこう言った。

「市場の力には誰も対抗できない。ルール地方の重工業も世界市場の法則に従うことになる。私は個人的に彼らの決断が残念でならない……。しかし、市場に対抗すると危険このうえないことになる」

当初、労働者側に理解を示していたシュレーダーは二枚舌を使ったのだろうか？彼は、同じ社会民主党の批判派が考えているように、ドイツやロシアのオリガーキーと同じ穴の狢《むじな》だったのだろうか？

国会議事堂の華麗な部屋で、何もできなかったことに対する彼の弁明を聞きながら、私は彼の誠実さを確信した。そのとき頭に浮かんだのが、前にも言った友人の社会学者ピエール・ブルデューの言葉だった。

「新自由主義は征服するための武器だ。経済の運命論をかかげ、それに対してはどんな抵抗も空しくみえる。新自由主義はエイズに例えることができる。犠牲者の免疫機能を最後には破壊してしまうのだ」

つまり、犠牲者に無力さを思い知らせたあと、麻痺させるということだ。

こうして、ルール地方で隆盛をきわめていた重工業の大企業は、工場を国外へ移転することができた。ゲアハルト・シュレーダーは2004年、党首の座を追われている。

まあ、このシュレーダーという人、役立たずだわ！

――いや、そうじゃない！　ベルリンでの態度からおしはかるに、おそらく彼はヨーロッパの政権は左派と右派があってこそ正常だと再確認したのだ。彼の意識は単に自己疎外されていたのだ。

待って、その「自己疎外」ってなあに？　何もできなかったことの言い訳？

――自己疎外とは哲学用語なのだがね、とても不可思議なプロセスで、結果として、人が自分の利に反することを平気で言い、行動してしまうことだ。自己疎外がどういうふうに機能するのか、これはとても重要なことなので、ゾーラにはぜひ理解して欲しいと思う。というのも、自己疎外は資本家にとって他人の精神を支配するためのおもな武器だからだ。私たちはみんなその脅威にさらされている。もちろんゾーラもね……。

オリガーキーは彼らが支配する人たちに、自分たちは社会全体の共通の利益を守っているのだと、うまく信じ込ませている。「自己疎外」の機能とは、個人一人ひとりのアイデンティティを破壊し、自由な意思や自由な考え、抵抗する力を奪うことだ。そうして個人をただの商品として扱うことなのだ。

私はこの謎めいたプロセスについて時間をかけて考えてみた。それについて、トルコ人の詩人ナーズム・ヒクメットは「彼らは私たちの脳を鎖につないだ」と書いている。

自己疎外とは、本当は自分の理念に反している資本の法則に自らの意思で従うことだ。世界を支配するオリガーキーの目的は、支配される側の批判的な知性を自己疎外させて勝利をおさめることなのだ。

みんな自己疎外されるの？　パパもママも、おじいちゃんも、わたしも？

――いや、みんなではない。一部の人は、正確にはどのくらいの割合かはわからないが、新自由主義の隠蔽体質に抵抗している。私たちの家族もどちらかというと抵抗しているほうだと思うよ。

しかし残念ながら、多くの人々はすっかり自己疎外されている。

どのように？

――たとえばスイスを例にとってみよう。この国はいわゆる「直接民主制」をとっている。有権者である市民が10万人の署名を集めれば、国民投票の実施を要求でき、連邦憲法のどの条項でも改正または廃止することができる。

そうそう、投票の日曜日ね！　ジュネーヴではいつもやっているわ！　2、3か月に1回、ありとあらゆるテーマで……。

——そうなのだがね、ゾーラ。この日曜日の投票が現在、とんでもないことになっているのだよ。

スイスは世界でも名だたる強硬派のオリガーキーに支配されている。人口の2パーセントが国の富の96パーセントを所有している。これらのオリガーキーは、各国民投票の前に数千万スイス・フランを投入し、有権者が彼らの望む方向に投票するよう仕向けている。そしてたいていの場合、彼らは目的を達している。

ここ2年の国民投票を見てみよう。スイスの有権者が自由投票で反対したのは、最低賃金の導入、賃金格差の上限、公的医療保険の創設、バカンスの1週間上乗せ、年金の増額……。こんな例を挙げたら退屈かな？

ちっとも。

——スイスの有権者は、おとなしい羊のように、強硬なオリガーキーの言いなりになっている。スイスの「民主主義」はいまや名ばかり、実際は民主主義とは正反対の選択をしているのだよ。

おじいちゃんはこの状況にイラついているのね？

——ゾーラ、イラついているどころじゃない、激怒している。国民の受け身的な姿勢と、資本家階級のつく嘘に疑いもなく乗っていることに対してね。おまけに、この受け身的な姿勢はスイスだけではなく世界的なもので、しかも、はるか昔からのことなのだ。

支配者階級のやり方を国民が暗黙のうちに同意する風潮は、フランス革命が勃発した当初、ブルジョワ階級が国家権力を握った頃から見てとれる。ゾーラは「陳情書」って何か知っているかな？

いいえ、それって何？　説明して欲しい……。

――１７８０年代の終わり、出口のない不況に見舞われた国王ルイ16世は、やむなくパリで全国三部会という議会を召集した。これは社会の３つの身分の代表が集まる議会で、第一身分は聖職者、第二身分は貴族、第三身分はその他特権のない平民だね。

そこに提出されたのが陳情書で、１７８９年は国じゅうから貧しい人々が不平を訴える陳情書が数多く提出されていた。これらはフランス国立中央文書館から再出版されていて、私はその一部を読んだのだが、涙が止まらなかった。

三部会に属さない「フランスの貧民と乞食」――これは彼らが自分たち自身のことをさして使った言葉だね――は、自分たちの権利を求めて闘う代わりに、利益を守るため、いずれ彼らの略奪者になる資本家のブルジョワにすべてを任せてしまったのだ。何も知らずにね！

陳情書の１つ、１７８９年10月４日付けにはこう書いてある。

閣下殿［……］。あなた方とは完全に分離されている、フランス王国の貧民と乞食には、国家の第四身分を形成する権利があるはずです。この身分には、ほかのどの階級よりも多くの不平・不満、改正を求める事項の訴えがあります。この身分の者たちは救いの神から与えられた権利をすべて侵害されています。しかし、我われの身分を三部会に認めれば、それがいかに公正なことであっても、討議や議決に支障をきたすことになるでしょう［……］。あなた方は、社会の２つの両極端階級とその他の中間階級がすべて集まったのを見て衝撃を受けるでしょう。そして我われには残忍さが一かけらもなく、ぼろを着て、不潔この上ないのに気づき、我われの身体からノミやシラミが伝染するのを恐れるでしょう。したがって我われは、自然と神の秩序のなかではあなた方兄弟と同等であっても、我われの代表をあなた方のなかに入れようとは願いません。人間としておぞましい一団は、貧しさ、無力さ、欲求、さらには絶望を伝えるもので、あなた方とは対極にあり、あなた方の豪奢な輝きを失わせることになるでしょう。しかし、我われがあなた方の意に沿って、なによりも自然で正当な権利を放棄したとしても、せめて我われの権利を守ってくださいますようお願いいたします。

これらの陳情書は何かの役に立ったの？

——とんでもない！　資本家のブルジョワ階級はずるいやり方で人民を騙したのだ

よ。貧民の苦しみは、バスティーユ陥落後にさらに深まった。当時の革命急進派の指導者、ジャック・ルーが心打つ演説を行っている。

これはゾーラの疑問に答えるものでもあるから、聞いてみよう。ジャック・ルーは急進的な元ローマカトリックの司祭で、知性と勇気があり、誰からも、敵陣からも称賛されていた。彼は貧民の弁護を買って出たのだが、無駄だった……。

商人の特権階級は、貴族や聖職者よりも恐ろしく、個人の財産と共和国の国庫を侵害して面白がっている。奴らの権力濫用がいつまで続くのか、我われにはいまだわからない。なぜなら、物の値段が1日で暴騰しているからだ。平民の代表よ、いまこそ死を決して闘うのだ！　エゴイストどもがもっとも辛い労働をする階級を支配する社会を終わりにするのだ……。おお、激怒せよ！　おお、恥と思え！　外部の暴君に戦争を宣言したフランスの国民代表が、卑怯にも内部の暴君を打ちのめさなかったと、こんなことを誰が信じるだろう？

それで、ジャック・ルーはどうなったの？

――公案委員会に死刑を宣告され、処刑の前日に自殺した。

ということは、彼の演説を誰も聞いていなかったの？

――もっと悪い！　その後の何世代ものあいだに、ブルジョワ階級による富の取り込みと、そんなブルジョワ階級に一般平民が自らの意思で服従する風潮はさらに強まった。

　それから100年以上あとのこと、フランス社会党の創設者であるジャン・ジョレス――彼についてゾーラのパパは素晴らしい戯曲を書いているがね――は、夜のパリを歩きながらこんな発見をしている。

ある冬の夜、私はこの広大な都会で、一種の激しい社会的不安に襲われた。何千、何万という人々が赤の他人のように通り過ぎていく様は、孤独な幽霊の集団のようで、すべての絆から解かれているように見えた。私は一種の恐怖を抱いて自問した。どうしてこれらすべての人々は善と悪の不平等な配分を受け入れてしまったのだろうかと［……］。

私には彼らの手足に鎖がつながっているのは見えなかった。そして思った。苦悩し、無一物のこれら無数の人々は、どんな不思議な出来事があってこの現状に耐えているのだろう？［……］鎖が心をしばり［……］、考えがしばられている［……］。社会制度がこれらの人々をつくりあげ、彼らと一体になって、彼らの実体そのものにまでなった。だから、彼らは現実に対して憤慨しなくなったのだ。なぜなら、彼らは現実と混同していたからだ。

私が書いたなかで、もっとも思い入れの強い1冊は『大量破壊、飢えの地政学』というタイトルの本だ。これは私が8年間、国連の「食糧に対する権利」の特別報告者として仕事をしたときのことをまとめたものだね。多くの言語に翻訳され、ローマやミラノ、マドリッド、ベルリン、オスロ、ニューヨークでたくさん講演をした。

私がそこで話したのは、地球上のもっとも広い大陸で、カロリー不足の犠牲になり、痩せこけて、うつろな目になり、手足が震えている子どもたちのことだった。講演のたびに、私がつとめて訴えたのは、飢えで毎日何千人という子ども、大人が死んでいくのは人間の手によるもので、だから、明日にも人間によって終止符を打つことができるということだった。こんなことも話した。

多国籍企業10社が、生産、貯蔵、輸送、食糧配送全体の85パーセントを支配していること。また、米や小麦、トウモロコシ市場での大銀行による投機で、これら基本の食糧の価格が世界市場で値上がりしていること、そして、アフリカや南米、アジアの耕作地が投資グループによって買い占められていることも強調した。

ほぼどの講演でも最後に、会場の後ろの席からひとりが手をあげて私に質問した。

「あなたのお話しになったことはまさにその通りだと思います。私もあなたと同じように、これほど多くの人が栄養不足や栄養失調で亡くなっていることに怒りを覚えます。しかし、私は、ただの一市民として、無尽蔵なお金と、絶対的権力を持つこれらの企業に対して何ができるでしょう？　何もできません！」

そういう人を心のなかで「離脱者」だと思いながら、私の答えはつねに同じだった。

「民主主義の社会では、人は決して無力ではありません。あなたもこの弱肉強食の理念を打ちのめすために行動することができます」とね。

では、どうすればいいの？

――そう急がないで、ゾーラ。これから話すから。

9 行き過ぎた資本主義を崩壊させるのはユートピア？

おじいちゃん、資本主義を倒壊させるなんてユートピアじゃないの？　それより改善するとか、修正することはできないの？

——そうはいかないのだよ、ゾーラ。資本主義はそう簡単に改善できるものではない。しかし、行き過ぎは止めなければならない。新しい世界の経済的、社会的組織を考案して生みだすために、徹底的、根本的にね。想像してごらん。

1789年のフランス大革命では果たして、貴族が受け継いでいた封建社会の特権を改革することができただろうか？　植民地主義や奴隷制は、もっとも基本となる倫理的な要求に合うよう少しでも改良されただろうか？

そうじゃないね、ゾーラ。私たち、とくにゾーラの世代が求められているのは、資本主義とその行き過ぎを是正することだ。より人間的な新しい世界を生みだすには、資本家からその特権と絶対的権力を奪い取らなければならない。かつての諸侯の特権や権力のようにね。

まったく違う望みとして、私たちはユートピアにも魅せられている。私たちが思い描くユートピアは、私たちが自分で自分の行動を決めることができるという世界だ。

でも、おじいちゃん、ユートピアとは実現できないもののことではないの？ 夢のようなものでは？

——いや、違う。ユートピアは歴史を変える力のある素晴らしいものだ。意味するところは夢だが、白日夢というか、目覚めている状態で見る夢で、私たちの意識のなかにある願望としての正義、幸せで新しい世界、より正確には私たちが求めている正義のことだね。

歴史を見てみよう。世界がだんだんと人間的なものになっているのは明らかな事実だ。たとえば奴隷制の廃止は、何世紀にもわたって奴隷制度擁護派や奴隷の売買業者、それを資金面で援助する銀行家には一笑にふされ、ユートピアとされていた。それでも、長い闘いの末に現実となった。

もちろんこれまで話したように、世界のあちこちでまだ奴隷のように扱われている人はいるにしてもね、現在の雇い主にはかつてのような権力はなく、見つかったらすべて罰せられるようになっている。

そして、先進国での女性解放はどうだろう？ これも何世紀ものあいだユートピアだった。信じられないと思うが、16世紀の科学者たちは、女性には魂がないと言っていたのだよ。ゾーラのおばあちゃんの世代の女性たちは、20歳になっても選挙権がなかった。「婦人参政権運動」は、3世代前まではまだ男性の権力者から嘲笑されていた。それなのに現在、ヨーロッパ最大の経済大国ドイツの首相は女性で、しかも何度も再選されている。

各個人のための社会保障もまた長くユートピアと見られていた。ところが現在、病気や高齢者への金銭的な問題に対しては、社会保障や保険制度が対応している。先進国、とくにフランスでは、このユートピアは現在、法律で保障されている。

ということは、ユートピアは実現できるということ？

――ユートピアは一歩ずつ、時間をかけて実現される。キューバの有名な革命家、チェ・ゲバラがこう書いている。

「どんなに頑丈で分厚い壁でも割れ目から崩壊する」とね。

ユートピアは１９４８年の国連の「世界人権宣言」にも、その前の２つの宣言、１７７６年７月４日のアメリカの「独立宣言」、１７８９年のフランス革命の「人間と市民の権利の宣言」にも明記されている。国連の「世界人権宣言」の第1条ではこう宣言している。

「すべての人間は、生まれながらに自由で、権利と尊厳に関して平等である。すべての人間は、理性と良心を授けられており、お互いに友愛の精神で行動しなければならない」とね。

そして第3条でも「すべての個人は、生命と自由、身体の安全に対する権利を有する」と明記されている。

アメリカの独立宣言は、フランスの宣言よりさらに明確で踏み込んでいる。というのも、条文のなかに人間に特別な権利をつけ加えているからだ。それは革命の権利だ。いいかいゾーラ、こういう内容だ。

我われには、自明の真理として以下のものがある。すべての人間は平等につくられ、創造主によって譲渡不可能な権利を付与されている。そのなかでもっとも重要な権利は、生命と自由、幸福の権利である［……］。そしていかなる形態の政府でも、これらの目的から乖離したとき、人民にはそれを変えて廃止し、これらの原則にのっとった新しい政府を樹立し、人民に安全と幸福を与えそうな形の組織にする権利がある。

ゾーラにはこれまで私と話しあったことをすべて覚えていて欲しい。グローバル化した金融資本のオリガーキーによって行使される権力は現在、まさに世界の政府で、大多数の人々の障壁になっていることをね。だから、すべての人間は世界の政府に対して革命の権利を行使する権限を持っているのだよ。

この革命はいつになるのかしら？

——それは誰にもわからない。しかし、いつか起こるだろう。私は近いと思うよ。

犠牲になった多くの人々のことは、発展途上国でも先進国でも、人々の記憶に残っており、この記憶は革命の力となるものだ。そのことについて、『資本主義黒書』（1998年）という本のなかで、編者であり、私の友人のジル・ペローが素晴らしいことを書いている。

アフリカからアメリカへ強制的に連行されたおびただしい数の人々。無意味な戦争の塹壕で切り刻まれ、ナパーム弾で生きたまま焼かれ、資本主義の番犬の刑務所で拷問死した人々。ペール・ラシェーズ墓地やフルミー通り、アルジェリアのセフティで銃弾に倒れた人々、インドネシアで虐殺された何十万人、ほとんど根絶されたアメリカの先住民、中国で阿片の自由な流通のために暗殺された無数の人々……。これら尊厳を否定されたすべての人々から、生きた手が反抗の松明《たいまつ》を受けとった。第三世界で、毎日、栄養失調で亡くなる何万人という子どもたちの手、操り人形の指導者が国庫を空にした国で、借金の利息の返済を強いられた人々の痩せ細った手、富裕層の周辺で、増えるいっぽうの排除された人々の震える手〔……〕」。弱者の悲惨な手は、いまのところはばらばらだ。しかし、いつの日か、必ず合流するはずだ。そしてその日こそ、手にした松明が世界を燃え上がらせるだろう。

おじいちゃんの話と、わたしが理解したところによると、資本主義者はすべての人間が平等なことも、それぞれが安全なことも望んでいない。

——どうだろう？　そういうことは、彼らにとってはどうでもいいことなのだろうね。公正な社会、友愛、お互いに補い合い、自由がいいというのか？　世界の人々との普遍的な関係、公益、自由な秩序、自由にする法律、不具合な意思を共通のルールで変える？　そんなのは古い考えで、時代遅れの妄想だと、多国籍企業の若き経営者たちは笑い飛ばしているかもしれない。

彼らには別の使命がある。資本主義体制の基本となる原則は、利益だ。各個人、各国民のあいだでの容赦ない競争だ。資本のロジックの基本は、対立であり、弱者を制圧する戦争だ。そしてつけ加えなければならないのは、資本主義は本当の戦争による破壊と再建、武器貿易で無尽蔵の利益を引きだしているということだ。

ゾーラ、繰り返すが、資本主義体制を段階的に、平和的に改革するのは現状は難しいのだよ。それでも、オリガーキーの権力だけはなんとかしなければならない。

でも、おじいちゃん、おじいちゃんはこれまでずっと、資本主義体制を支配する人たちの絶対的な権力について話していた。そんなに強い権力を相手に、資本主義をよい方向にもっていくことはできるの？

――これまでカール・マルクスについてたくさん話したね。彼は友人の政治家ヨゼフ・ヴァイデマイヤーにこんな手紙を書いている。

「革命家には草が生える音を聞く能力がなければならない」とね。
信じていい、現に草が生えている！

おじいちゃんはどうも楽天家に見えるわ。それに、わたしの質問にちゃんと答えていない！

——いいかい、ゾーラ。私たちのなかには信じられない力が眠っている。では質問に答えよう、ちょっと難しいのだが……。

立ち上がる力は、私たちそれぞれのなかに潜んでいる。それは、絶望や飢え、貧困、苦しみ、さまざまな搾取で、少数の白人のみが幸せになり、無意識に特権を謳歌している世界を、理性で拒否するところにある。

「人に無情を押しつけると、己自身が破壊する」と、ドイツの哲学者エマニュエル・カントは書いた。道徳的な義務感は私たちそれぞれのなかにある。重要なのは、それを目覚めさせ、同じ問題意識をもつ人とともに闘うことだ。

実際、行き過ぎた資本主義への反対運動はいたるところで行われている。現在、それが世界じゅうで増えているのだ。生活のあらゆる分野でね。

ゾーラ、歴史の新しい側面がいま生まれているところだ。世界的な市民運動としてね。民族も文化も、社会階級も年齢もさまざまな何百万人という市民が団結しているのだ。彼らを動かしているのはただ1つ、「私はあなたで、あなたは私」という考えだね。

これは中央委員会でも政党でもない。世界の弱肉強食の理念に反対する、無数の市民たちが現在、世界じゅうで行動を起こしている。これ以上ないほど多様な社会運動がそのあらわれだ。

たとえば、「ヴィア・カンペシーナ（Via Campesina）」は、農業に従事する中小農業者が1億2000万人以上も参加する国際組織だ。

また、暴力や差別に反対する女性運動もある。「グリーンピース」は、生物多様性や自然への脅威に反対して闘っている。「アタック（Attac）」運動は、投機目的の取引を抑制しようとしている運動で、「アムネスティ・インターナショナル」は、人権の最低限の尊重を訴えて世界じゅうで闘っている。

ほかにも何万という地方組織から国際組織まで、大小さまざまな社会運動や反資本主義運動がある。これらの運動は全体で不思議な連帯感を生み、日々力をつけて、資本主義に対して併行して闘っている。現在、世界では何億人もが目覚めているのだ。

では、これから何が起きるの？

——時代が求めているのは、人間らしい生活だ。貧しい人々をこれ以上待たせてはいけない。そのため、これらの運動を通して要求を早急に訴えていくことが重要だ。いま行動しないと改革が先延ばしになるリスクがある。

おじいちゃん、わたしの質問に答えていないわ。これから何が起きるの？

——ゾーラ、今後どうなるかは、私たちにはわからない。セクハラに抗議する女性たちの闘いがどうして起きたかを見てみよう。かつて犠牲になった女性たちの反乱に火がつくには、ハリウッド映画の大物プロデューサーをひとり告発するだけで十分だった。裂け目は突然大きく開いて、壁が崩壊する。

人間は自分が望まないことは確実にわかっている。私は、5秒ごとに10歳以下の子どもがひとり、飢えとそれに関連する病気で亡くなる世界では生きたくない。

地球は、食糧が公正に配分されさえすれば、現在の人口の2倍は問題なく養うことができる。死をもたらすほどの富の不平等、金持ち対貧乏人の果てしない戦争には、いてもたってもいられないのだ。

素晴らしい活動をしている現ローマ法王フランシスコの言葉を思い出してごらん。

「排除はいまや私たちが生きている社会の根源にまで及んでいる。排除された人々はもう社会の底辺にも、周辺にもいない——外に追い出されている……。排除された人々は搾取される対象ではない、ゴミなのだ」

現在の人間社会には、「ゴミ」でしかない人たちが何十億人もいる。こんな社会を私は望まない。それははっきりわかっている。

わかったわ、おじいちゃん。人は自分が望まないことはわかるけど、でも、もし闘うとしたら、資本主義を何に代えたいのか……そして、そのためにはどうしたらいいのかもわかっていないといけない。

——プログラムなどない。ただ、さまざまな社会活動においてゆっくりとした芽生えがあるだけだ。過去の教訓もある。

20世紀には共産主義が資本主義を越えようとしたがうまくいかなかった。結果としてはいいこともあり、人類の解放にはよかったが、しかし失望のほうが大きく、共産主義は徹底的に打ちのめされた。

勝ったのは資本主義だった。たとえば現在の中国も、共産主義を唱えながら経済は資本主義の市場優先主義を土台にしている。つまるところ、新しい未来をつくるのは、闘う人それぞれの信条、価値観ということになるのだね。

フランス革命が勃発した1789年7月14日、パリでどんなことがあったのか見てみよう。

バスティーユ近くのフォーブール・サン＝タントワーヌやサン＝マルタン通りでは、貧困に苦しむ労働者や職人が暴動を起こしていた。当時は啓蒙思想が芽生えた頃で、18世紀を通してあちこちに広まっていた。王の絶対権力や教会の隠蔽体質に反対し、知識や科学を発展させ、理性や自由、人間の平等を求める思想だね。

7月14日のこの日、パリの労働者や職人は、近くにある要塞牢獄を襲撃する決断をした。独断的権力の象徴だね。彼らはバスティーユを目ざして歩いた。武器は貧相このうえなく、槍や鉄砲、短刀だけだった。バスティーユ……。堀は水深が深く、幅は10メートル、城壁は難攻不落で知られていた……。

暴徒がやって来るのを見たバスティーユ牢獄司令官ド・ローネーは、はね橋をあげて落とし格子を下げ、門に差し錠をかけた。その後、日中のあいだに、ブルジョワの警備隊が2隊、8個の大砲とともに暴徒の救援にやって来た。ド・ローネーは交渉を試み、はね橋を下げた。それを機に暴徒は牢獄に押し入り、司令官を殺害して囚人を解放した。

もし、7月14日の夜、現在のジャーナリストが暴徒のひとりに声をかけてこう聞いたらどうだろう。

「市民の方、あなたはバスティーユを占拠したところですが、この闘争をどのように続け、どのように王政と封建制を打倒する計画なのか、説明してくれますか」

この質問に対してはっきりとした答えがないのは確かだろう。この暴徒にとっては、4年後に発表された第一共和制の憲法を先取りするなど不可能だ。

フランス革命は世界の歴史を一変させた。封建制を廃止に追い込み、世界じゅうで何億人という人々を解放した。そのプログラム、制度、戦略は？　それは解放されて自由になった人々のなかから、予想もしない方法で生まれたのだね。

ということは、資本主義の代わりになる経済と社会の体制について、おじいちゃんは何も知らないということ？

――そう、少なくとも正確なものはね。しかしそれでも、ゾーラの世代が資本主義に代わるよりよいシステムを作りあげてくれるという希望は持っている。そしてこの展望に立って、私には1つはっきりしていることがある。それは各個人の行動が重要だということだ。

私の希望の糧となっているのは、チリの詩人、パブロ・ネルーダ（1904－1973年）の信条だ。彼の詩にこんなものがある。

「すべての花を摘んでも、春の訪れをはばむことはできない」……。つまり、どんなに厳しい状況におかれても、希望を持ちつづけることで未来は開けるということだね。

［著者］ジャン・ジグレール　Jean Ziegler

1934年生まれ。スイスの政治家で社会学者。ジュネーブ大学社会学部教授、同大学付属第三世界研究所所長などを歴任。2000年から2008年まで国連の「食糧に対する権利」の特別報告者を務める。実証的な研究から貧困と社会構造の関係について人道的な立場から意欲的に執筆活動を行っている。著書に『世界の半分が飢えるのはなぜ？ —— ジグレール教授がわが子に語る飢餓の真実』（合同出版）など多数。

［訳者］鳥取絹子　Kinuko Tottori

翻訳家、ジャーナリスト。お茶の水女子大学卒業後、出版社勤務を経て、1972～74年パリ滞在。主な著書に『「星の王子さま」 隠された物語』（KKベストセラーズ）、訳書に『子どもの味覚を育てる —— 親子で学ぶ「ピュイゼ理論」』『フランス人は子どもにふりまわされない』（ともにCCCメディアハウス）、『“世界の果て”の物語 —— 地上の楽園をめざした34の冒険譚』（河出書房新社）など多数。

装丁＆本文デザイン　竹内淳子（株式会社新藤慶昌堂）
校閲　竹内輝夫

資本主義《しほんしゅぎ》って悪者《わるもの》なの？
ジグレール教授《きょうじゅ》が孫娘《まごむすめ》に語《かた》るグローバル経済《けいざい》の未来《みらい》

2019年２月21日　初版発行

著　者　ジャン・ジグレール
訳　者　鳥取絹子
発行者　小林圭太
発行所　株式会社ＣＣＣメディアハウス
〒141-8205東京都品川区上大崎３丁目１番１号
電話　　販売　03-5436-5721
　　　　編集　03-5436-5735
http://books.cccmh.co.jp

印刷・製本　株式会社新藤慶昌堂

ISBN978-4-484-19102-7

いまどきの子を「本気」に変えるメンタルトレーニング

飯山晄朗 | mental coach メンタルコーチ

秀和システム

はじめに

2014年夏の石川県大会決勝での、星稜高校の9回裏の奇跡の大逆転劇。

その余韻が残る秋季石川県大会決勝で、星稜高校と対峙したのは、石川県立金沢商業高校でした。

これは、私にとっては非常に悩ましい試合でした。

というのも、当時、私は金沢商業高校のPTA会長を務めていたので、同校野球部のメンタルトレーニングも行っていたのです。

一方の星稜高校も、私のメンタルサポート先。

つまり、愛弟子同士の決勝戦となってしまったのです。

どちらか一方の学校の応援席に座るわけにはいきませんから、もちろんバックネット裏のど真ん中の席でドキドキしながら観戦しました。

下馬評は、夏の大会で優勝し、勢いに乗っている星稜高校の勝利。

金沢商業は、大方の予想に反して強豪校を撃破して決勝まで登ってきたダークホースという扱いです。

ところが……。

ふたを開けてみると、何と、金沢商業の勝利！

しかも、〝逆転の星稜〟に2度逆転するという、白熱した試合展開の末にもぎ取った、26年振りの頂点でした。

この大金星には、サポートしていた私もびっくり。

監督や選手達も、自分達が成し遂げたことに、驚きと感動を隠せていませんでした。

＊　　＊　　＊

そして翌2015年の夏。

今度は、同じくメンタルサポートしている富山県立高岡商業高校が、7年振りの甲子園を決めてくれました。

私が同校のメンタルコーチとして関わったのは2014年からです。

その2014年の夏の大会は、決勝戦で逆転負け。

新チームになった秋季大会も敗退。

さらにその後の1年生大会も5回コールド負けという中で、チーム全体に自信が失われている状態でした。

「どうやってチームを強くしていけばいいでしょうか?」と監督から相談をいただき、再度メンタル面の強化をはかって臨んだのが、夏の富山県大会だったのです。

正直なところ、絶対のエースもいなければ、絶対の4番もいないという状況でしたので、少なからず不安もありました。

ところが、いざ大会が始まってみると、日替わりヒーローで逆転勝ち、サヨナラ勝ちと快進撃。

選手達が一試合ごとに成長していくのが分かりました。

こうなると、もう止まりません。

決勝戦でも、再三のピンチをメンタルをしっかり整えて乗り切り、甲子園への切符を見事にゲット!

本当に感激の瞬間でした。

＊　　＊　　＊

そして甲子園でも、この高岡商業高校がすごい試合を展開してくれたのです。

2回戦にして、対戦相手は東東京代表で、優勝候補の関東第一高校。

1回に1点、3回に一挙7点を献上し、3回までに0－8と大きくリードされてしまいます。

この点差は絶望的だと、誰もが思っていたでしょう。

しかし、何と4回に7点取り返すと、6回に1点追加して8－8の同点に追いついたのです。

ただし、敵もさるもの。

7回には2点の追加点を許し、再び引き離されてしまいます。

ところが、それでも高岡商業の選手達の心は折れません。

8回には再度追いつきます。

優勝候補を相手にしての、追いつ追われつの大接戦。

甲子園が大きく揺れ、鳥肌が立ちました。

結局、試合は10－12と、惜敗してしまいます。

しかしそれでも、甲子園の観客は、高岡商業の選手達の健闘に、惜しみない賞賛の拍手を送ってくれたのです。

＊　＊　＊

そして迎えた、2016年春の北信越大会決勝戦。

今度は、何と星稜高校（石川県1位）と高岡商業高校（富山県2位）の対戦になりました。

私も慣れたもので、またバックネット裏の真ん中に陣取ります（笑）。

結果は星稜高校が22年振りの優勝を果たしましたが、北信越大会の決勝でこの両校が顔を合わせるとは思ってもみませんでした。

本当に嬉しい瞬間でした。

＊　　＊　　＊

〝奇跡の逆転〟の星稜高校。

〝逆転の星稜〟に逆転勝ちした金沢商業高校。

〝脅威の粘り〟の高岡商業高校。

どのチームが起こした奇跡も、まさにメンタル面の強化の成果を物語っています。

そして、その奇跡は、まだまだ続いています。

２０１６年春の地区大会では、私のメンタルサポート校が、石川県でベスト４に３校、富山県でもベスト８に３校入りました。

もちろん、高校野球だけではありません。

メンタルサポートしてきた競泳男子の小堀勇氣選手は、どん底の状態から這い上がり日本選手権で見事日本代表としてリオデジャネイロ・オリンピック出場を決めてくれました。

高校生までが参加するジュニアゴルフ大会で優勝した小学生もいます（この選手は後にアマチュアゴルフ大会でも中学1年生で優勝しました）。

スポーツ以外でも、中学校の吹奏楽部が初の全国大会で金賞を受賞するなど、メンタル強化の輪は確実に広がっています。

＊　＊　＊

本書は、そんなメンタル強化のノウハウを、様々なケース別に紹介した本となります。

同様のコンセプトで執筆した前作『いまどきの子のやる気に火をつけるメンタルトレーニング』は、おかげさまで幅広い層の方に読んでいただきました。

全社員に購入して配布してくださった企業や、部員数購入して保護者に配布してくださった高校の部活動、そして学校単位で購入してくださった中学校や高校など、多くのご支援をいただきましたことを、この場をお借りして御礼申し上げます。

本書は、その前作の作りを踏襲しつつも、前作では書ききれなかった事例などについて、新たな視点も加えて書き下ろしたものです。

もちろん、必ずしも前作を読んでいなくても大丈夫。

前作と本書、どちらから読んでも問題ないように注意しながら書きましたので、気になった方からお読みいただければと思います。

本書が前作同様、多くの方々のお役に立てることを祈っております。

2016年7月

飯山晄朗

目次

第2章 「おとなし過ぎて、困るんです！」
自分の殻に閉じこもっている子への接し方

第3章「言われたことはやるけれど……」前向きな行動ができない子への接し方

第4章 「言うことだけは立派だけど……」悪習慣が身についている子への接し方

第5章 「どうしてすぐに投げ出すの？」何をやっても諦めやすい子への接し方

第1章

「本当はできる子のはずなのに……」

持っている能力を発揮できない子への接し方

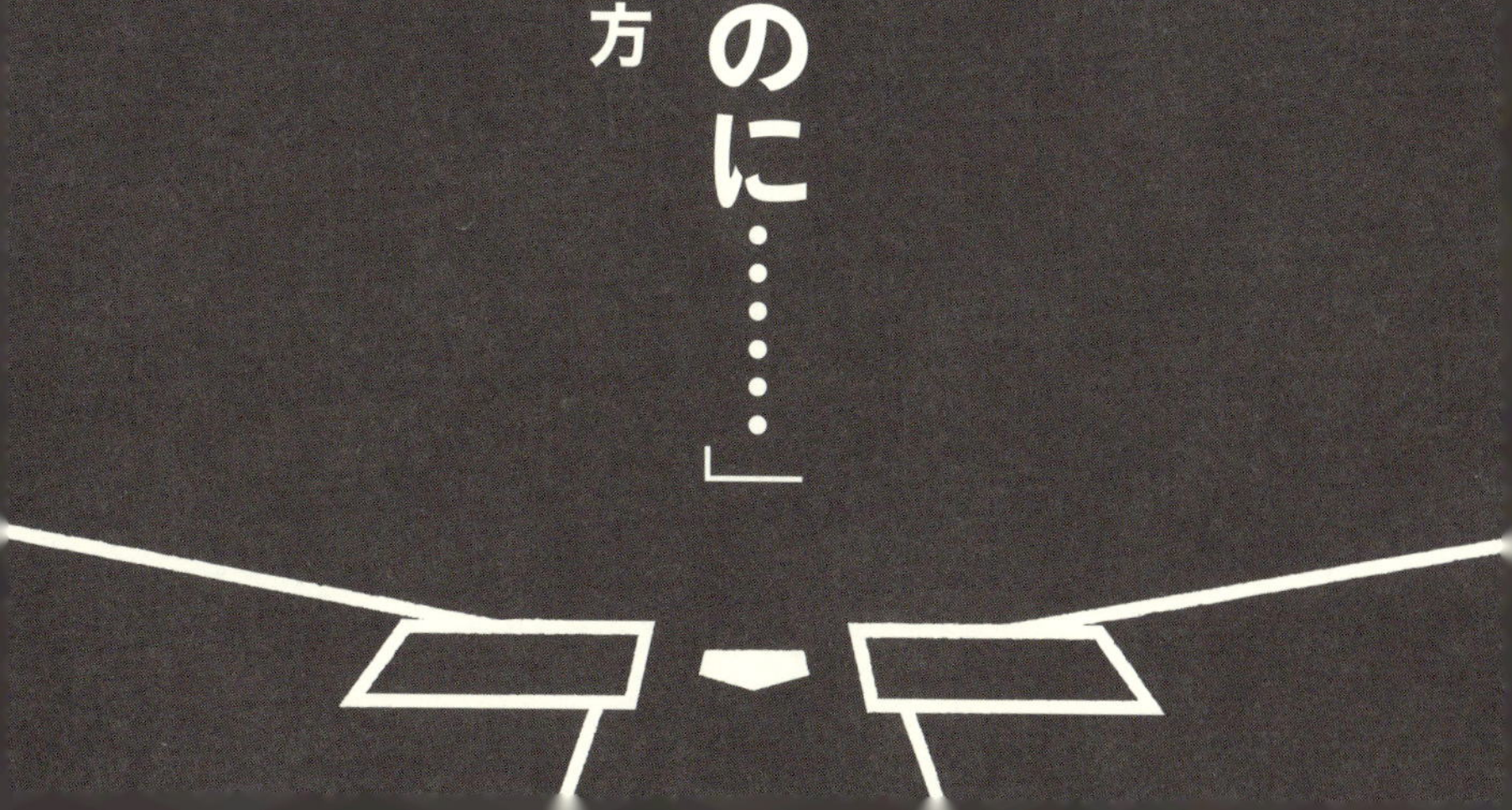

1

「勝てない」と思っている子には、「勝って喜ぶ場面」の練習をさせてみる

「勝てる」という気持ちを作れなければ、勝てるものも勝てなくなる

決勝戦での逆転負け以来「負けグセ」がついてしまったチーム

ある、メンタルサポートしている高校での話です。

この高校は、夏の県大会で優勝候補と目されていました。

ところが、決勝戦でエースが崩れて、まさかの逆転負け。甲子園切符を逃してしまったのです。

このことが尾を引いたのか、新チームになって臨んだ秋季大会も負け、1年生大会も負けて……と負のスパイラルに突入。チーム全体に「勝てない」という思いが強くなっていました。

このままの状態では、今季も結果を残すことはできません。

何とかして「勝てる」という思いを作っていくことが必要です。

「勝った瞬間」の練習で、本当に甲子園に！

そこで始めたのが「勝つ練習」でした。

これは、「決勝戦で勝利し、甲子園切符を手にした瞬間の喜び方」を練習をするというものです。

具体的には、まず、練習の最後に、部員全員が守備位置につきます。

そして、９回の守備をイメージして監督がノックをするわけです。

例えば、サードゴロを打って、サードが捕って、ファーストに送球してワンアウト。

次に、センターフライを打って、センターが捕球してツーアウト。

最後はセカンドゴロを打って、セカンドが捕って、ファーストに送球してスリーアウト。

次の瞬間、全員がマウンドに集まって勝った喜びを爆発させます。

しかも、ご丁寧にヒーローインタビューのおまけつきです（笑）。

どうでしょうか？

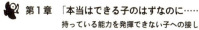

おそらく周りで練習を見ていた方々は、「こいつらはバカじゃないか」と思われたことでしょう（笑）。

「まだ大会も始まっていないのに、もう甲子園にいった気になっている」

そうなんです。それが、大事なんです。

「俺達は甲子園を決めました」と甲子園にいった気になることが肝心で、これはそのための練習なのです。

その効果はてきめんで、実際にこの年の夏の県大会では、この高校は下馬評を覆して甲子園切符を手にしました。

脳は思っていることを実現する

私達の脳は、思っていることを実現しようとします。

普段から何を思っているのか？

将来の現実は、今日の思いの積み重ねです。

思いが実現しているだけなのです。

だから、毎日「甲子園を決めた」思いを作る練習をすれば、実際に甲子園に出場できます。

これは、他のことでも同じです。

例えば、会社で商談やプレゼン、改善提案などがうまくいくかどうかを思い悩み、「たぶんダメかも」「絶対うまくいかないよ」などと言っている部下がいたら、うまくいった場面を想像する練習をさせてみましょう。

その時、あなたも一緒になって「よし、うまくいった！　ありがとう！」と言って握手してあげれば完璧です。

そうやって、すでに成功して喜んでいる状態を作ってしまえば、本番でも自然とその通りの行動を取れるようになりますよ。

ポイント

脳は、思っていることを実現しようとします。「勝てない」と思っていれば、無意識に勝てない行動をしてしまうので、それを防ぐために、「勝てる」と思う習慣を身につけさせましょう。

2

「集中力が続かない」子には、「集中スイッチ」を作ってあげる

視線を一点に定めるだけで、集中力は自然と湧いてくる

雨で調子を崩してしまった先発投手

その大会の初戦は、雨の中という、最悪のコンディションで始まりました。

しかも、雨足がどんどん強まり、いつ試合を終わらせてもおかしくない状況です。

グランド状態も悪くなり、投手もボールが濡れるのを気にしていました。

選手達の、試合への集中力が、どんどん下がってきているのが分かります。

「これはまずいな」

そう思っていると、案の定です。メンタルサポート校の投手が四球を連発し、タイムリーヒットを打たれて、リードを広げられてしまいました。

試合も中盤から終盤に入って、雨足もますます強まっています。

味方打線も繋がらず、点差は開くばかり。

投手もマウンドでイライラして、投球が安定しません。

「これは負けたな」

スタンドで見ていた、誰もがそう思っていたでしょう。

突然、集中力を取り戻せた理由とは？

ところが、です。

ある時急に、勢いのあるボールでストライクが決まり出し、投手に本来の投球が戻ってきたのです。

投手が息を吹き返すと、打線も爆発しました。

そのまま一気に逆転すると、点差を引き離し、勝利へ！

試合が終わって球場から出てきた投手が、私の方に駆け寄って来ました。

「飯山さんの言葉がなかったらヤバかったです。本当に助かりました」

実は、試合前に先発投手に話していたことがあります。

「今日は雨だから集中力が勝負になるぞ。集中力が切れそうになったらボールの縫い目を見ろ」

そう言って、試合に送り出したのです。

大事な初戦を制して、安堵の表情を浮かべながら話す彼に、「どうだった?」と聞くと、こう答えてくれました。

「雨が気になって仕方がなかったんですけど、途中で、飯山さんの『ボールに集中しろ』という言葉を思い出したんです。それで、ボールの縫い目に集中したら、立ち直れました。ありがとうございました!」

役に立って良かったです。

視点が定まれば、集中力が戻ってくる

野球選手に限らず、人間というのは、集中できれば優れたパフォーマンスを発揮できますが、集中できなくなると本来のパフォーマンスが発揮できなくなります。

先ほどの投手の場合も、ただでさえ初戦ということで「負けられない」というプレッ

シャーがかかっていたことに加えて、あいにくの雨で、まったく集中できない状態に陥ってしまいました。その結果、投球が乱れてしまったわけです。

では、そのような時、どうすれば集中力を取り戻せるのでしょうか？

人間というのは、何かに集中している時は一点を見つめていますが、集中力がなくなってくると、視点が定まらなくなります。周りのいろいろなことが気になり出して、目が泳いでしまうのです。

このことを逆に利用して、視点を一点に定めると、集中力を取り戻すことができます。実は、脳には、視点が定まらないと集中できなくなり、逆に、視点が一点に定められると自然と集中してしまう、という特徴があるのです。

先ほどの投手の場合であれば、ボールの縫い目に視線を定めることで、集中力を取り戻せたわけですね。

集中力がなかなか続かない子には、そのような、集中したい時に集中できるスイッチになるものを作っておくと、野球の場面以外でも使えます。

「さぁ、仕事を終わらせるぞ！」

「締め切りまでにやるぞ！」

「企画を考えるぞ！」

そういった、集中力が問われる場面では、例えばデスク周りの何かをじっと見つめれば、集中状態を作ることができます。

あるいは、会議やミーティングなどで、皆の集中力が切れて、下を向いたり上を向いたりしてあちこちに視点が動いているような時には、「はい、こっち向いて」と言って自分に視点を向けさせるだけでも、効果があります。

ぜひ、試してみてくださいね。

ポイント

脳は、視点が定まらないと集中できなくなり、逆に、視点が一点に定められると自然と集中してしまいます。集中力が続かない子には、集中力を取り戻すスイッチになるものを作ってあげましょう。

3
「緊張しやすい」子には、「ゆっくり動く」ことを意識させる

緊張感は、頭ではなく身体を使わないとコントロールできない

緊張し過ぎて打てなくなってしまったバッター

メンタルサポート校が秋季県大会を勝ち進み、準決勝まで来た時のことです。

いよいよ北信越大会を決める、大事な試合となります。

選手達も緊張感を隠せません。

中でも、ここまでなかなか打つ方で活躍できなかった選手が、大舞台を前にガチガチになっていました。

「バッターボックスですごく緊張してしまうんですが、どうしたらいいですか？」

私のところに駆け寄ってきて、まさに緊張した面持ちで聞いてきます。

「緊張しちゃうんだ。そうか。緊張を楽しむっていうのはどう？」

「楽しめないです（笑）」

「そうだよな（笑）」

実は私には、この選手について、これまでの試合を見ていて常々気になっていた点がありました。

「君は、バッターボックスで、細かく速い動きが多いんだよね。ちょっと動き過ぎじゃないかな？」

「あっ、そうですね。そう思います」

「うん。動きが速いと、アクセルを踏んでいる状態だから、どんどん緊張感が上がっていくよね」

「はい、そうなんです」

バッターボックスでゆっくりしたら大活躍！

どうやら、この選手は自分自身でも、問題点にはうすうす気づいていたようです。

ならば、話は簡単です。

「バッターボックスでどうなっていたらいいの？」

「落ち着いて、冷静になりたいです」

「そうだよな。落ち着きたいわけだから、逆のことをすればいいよね。つまりブレーキをかけるわけだ」

「はい……ということは、ゆっくりすればいいんですか……？」

「そうそう。バッターボックスでは、息を吐きながら、ゆっくりした動作でやってみようか」

「はい、分かりました！　ありがとうございました！」

問題点とその克服方法が明確になったことで、スッキリしたのでしょう。先ほどの緊張した表情が一変して、この選手は満面の笑顔でチームの皆のところに向かいました。

そして、これまでの不調がウソのように準決勝、決勝で活躍して、チームの優勝に貢献したのです。

呼吸を通して自律神経にアプローチしよう

この選手のように、緊張し過ぎて失敗してしまった、ミスをしてしまった、という経験は、多くの人にあるのではないでしょうか。

「手が震えた」「頭が真っ白になった」というような、緊張し過ぎた状態、つまり「あがり」の状態になってしまうと、人は本来のパフォーマンスが発揮できなくなってしまいます。

この時に「落ち着かなきゃ」「リラックスしなければ」と思ってしまうと、余計に緊張状態が強くなるという悪循環を生んでしまいます。

実は、緊張は思いでコントロールしようとしてもうまくいかないのです。

ではどうすればいいかと言うと、呼吸や代謝、体温調節などを行う自律神経を制御することで、最適な緊張状態をつくりあげることができます。

具体的には、呼吸を通して自律神経にアプローチする方法を採ります。

呼吸は、脈拍や体温などと違い、自律神経の中で唯一意図的にコントロールできる方法です。息を吸うと緊張を高める交感神経が活性化され、息を吐くとリラックスする副交感神経が活性化されます。

つまり、緊張が高まった場合は、息を吐くことで副交感神経を優位にするようにすればいいわけです。

これに加えて、動作も変えると、より効果的です。

速い動きは、交感神経を優位にして、緊張感を増します。逆に、ゆっくりした動きは、副交感神経を優位にして、心をリラックスさせます。

ですから、緊張し過ぎてパフォーマンスを発揮できていない子には、意識的に呼吸や動作を変えるよう促してみましょう。それだけで、パフォーマンスを発揮しやすい状態を作ることができますよ。

ポイント

緊張は、頭で意識してもコントロールできないもの。呼吸や動作を意図的にゆっくりしたものに変えさせることで、自律神経にアプローチして、緊張状態をコントロールしてあげましょう。

4

「ミスが怖い」という子には、「人間以外の何か」になったイメージをさせる

具体的なシーンにこびりついてしまった感情は、良いイメージで上書きできる

主力なのに守りのミスが減らない選手

チームの主力で、試合でミスをすると落ち込んでしまうというタイプの選手がいました。

そのせいか、守りのミスが多く、いつまで経ってもミスが減らないのです。

このままではまずいな、と思った私は、その選手に話を聞いてみました。

「守っている時はどんな気持ちになっている?」

「ミスしてはいけないと力んでいる感じです」

やっぱり、大事な場面でミスをした時のイメージが抜けないために、ミスを繰り返してしまっているのです。

「そうか…そんな気持ちで守っていると、どうなる?」

「そうですね……身体が固くなってスムーズに動かないので、ミスを繰り返すようになってしまいます」

「そうだよな」

もちろん、ミスはしないに越したことはありません。

しかし、ミスを怖がるあまり、ミスに集中してしまうと、かえって逆効果なのです。ますますミスをしているイメージが出てきて、結果またミスをしてしまうということになってしまいます。

この選手は、その典型例と言えるでしょう。

イカになったらミスがなくなった！

そこで私は、提案しました。

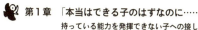

「じゃあ、守備についている時のイメージを変えてみようか」

「イメージですか？」

「そう、自分が何かになったつもりで柔軟でスムーズに動いているとしたら、何になったイメージがいい？　必ずしも人間でなくてもいいよ」

「えっ、何だろう……イカかな……」

「おぉ、イカね。なんでイカなの？」

「柔軟なイメージで、イカかなと。あと、イカって速いじゃないですか」

「なるほどね。いいじゃない、イカ。これから、守っている時は、自分はイカになったつもりでやってみようか」

「はい、やってみます！」

このイメージの切り替えは、大成功でした。

この選手は、夏の県大会決勝でもエラーをしてしまいましたが、その後イメージを切り替えた後はしっかりと守って、甲子園出場の立役者となったのです。

イメージトレーニングは必ずしも具体的なシーンでなくてもいい

私達の脳はイメージしていることを全力で実現しようとします。スポーツの世界でも、イメージできないことは身体で表現できません。なので、イメージトレーニングを繰り返すわけですね。

ところが、イメージトレーニングでは具体的なイメージを作ることが大事なのですが、そうは言ってもなかなか具体的な描写ができないこともあります。

特に試合や商談、試験の直前では、どうしても、いつも通りのイメージが閃いてしまいます。例えば先ほどの選手のように、試合でいつも守備をミスしてしまう子なら、どうしてもついミスしてしまうイメージを思い浮かべてしまうのです。

そういった場合は、無理に本番の具体的なシーンをイメージさせるのではなく、何か別のものや別のシーンをイメージをさせるのも、効果的です。

例えば、野球の試合で軸がブレずにスイングすることを心がけたいなら、コマがくるくる回転しているところをイメージさせます。

手首のスナップを効かせた投球がしたいなら、ムチをしならせて、先端をピシッと狙ったところに打っているところをイメージさせます。

このように、「うまくいっているイメージ」であれば、必ずしも実際のシーンをイメージしなくても、効果があるのです。

もちろん野球以外でも、このテクニックは使えます。

商談ならクマが立ち上がるイメージを持って臨むと、相手からの威圧感を感じなくなりまし、試験なら打ち出の小槌からどんどん金銀財宝が出てくるイメージを持つと、頭の中から解答が出やすくなったりするかもしれませんね。

ポイント

本番を思い浮かべると、どうしてもいつも通りミスするイメージが閃いてしまう場合は、別のものや別のシーンをイメージをさせるのも効果的。大切なのは「うまくいっている」イメージを持たせることです。

5
「実力はあるのに本番に弱い」という子には、常に本番をイメージさせる

本番をイメージしないで練習しても、成果には結びつかない

試合になると打てなくなってしまう主力選手

練習では快音を響かせ、鋭い打球を打っている主力選手のT君。

ところが、なぜか試合になると、とたんに打てなくなってしまいます。

自分でも悩んでいるようだったので、T君に質問をしてみました。

「試合の時のイメージは？」

「身体が思うように動いていないようなイメージです」

「そうなんだ……それは困ったね。練習の時は？」

「練習の時はいい感じで動けているんですけど」

このように、練習では問題ないのに、試合になると（特に大きな大会になると）なかなか実

力が発揮できないという選手はよくいます。練習の時の自分のイメージと、試合の時の自分のイメージに、ギャップがあるんですね。

このようなギャップはきちんと埋めておかないと、いくら練習を積んでも、本番でその成果が発揮できないという、困ったことになります。

常に試合のイメージをして練習したら、本番でも打てた！

そこで彼にアドバイスをしました。

「練習の時も試合と同じだと思って、これから試合のイメージで練習してみようか」

「試合のイメージですか……」

「そう、試合のイメージ」

そして、特にバッティング練習では、次のようなイメージを持って臨むことを指示しました。

・試合の終盤にチャンスで打席が回ってきたことをイメージする。

・球場の雰囲気、場内アナウンスの声、歓声や応援の声を感じて、「よしきた！」という気持ちを作って打席に入る。

「これを繰り返しやってみて」

「はい、とりあえずやってみます」

T君の顔は半信半疑でしたが、それでもきちんとやってくれたようです。

その後、彼は試合でも練習の時と同じように動けるようになり、打線の中心を担う存在となっていきました。そしてついには、甲子園で大活躍し、０－８から８－８の同点に追いつく、脅威の粘りを見せてくれたのです。

イメージトレーニングで大事なのは「臨場感」と「自分の感情」

私達の脳は、イメージしたことを全力で実現しようと働きます。だから「うまくできている状態を何度も何度もイメージの中で繰り返していく」というイメージトレーニングが大事になるわけですね。

このイメージトレーニングを行う際には、大事なポイントがあります。それは、今その場にいるように臨場感を持ってイメージする、ということです。

「球場の大歓声が聞こえる」

「相手投手が見える」

「ベンチの仲間の姿が見える」

「土の匂いを感じる」

野球であれば、このように細部にまでイメージを張り巡らせていきます。リアリティを感じることが大事なのです。

そしてさらに、「その時の自分の感情を加える」ということも大切です。

例えば、「チャンスで打席が回ってきてワクワクしている」といった感じです。

普段からこのイメージトレーニングを繰り返しておくと、いざ大舞台に立った時でも、緊張し過ぎたり、気後れすることなく実力を発揮できるようになっていきます。

仕事でも、大きな商談やどうしても決めたい契約だったり、失敗できない状況の時になると、普段はちゃんとできていたことが、とたんにうまくいかなくなるという人がいますよね。

このような部下がいたら、普段の小さな商談でも「この商談で契約を決める」「失敗できない状況だ」と思って取り組むように促してみましょう。それがイメージトレーニングとなって、大きな商談でも実力を発揮できるようになります。

ポイント

本番をイメージしないで練習しても、なかなか成果に結びつきません。練習では問題ないのに、本番では実力が発揮できないという子には、普段から本番をイメージして練習させるようにしましょう。

6

「なかなか寝付けない」と悩んでいる子には、静かな情景をイメージさせる

人間の脳は、何も考えないようにするのは難しい

試合前にいろいろ考えて眠れなくなるエース

「試合前になるとなかなか寝付けないんです」

チームのエースが相談に来ました。

ほほえましい悩みのようにも思えますが、バカにはできません。睡眠不足は、身体に悪いことはもちろんですが、頭もボーッとしてしまいますから、メンタルにも悪影響を及ぼします。

小さなことだと見逃さず、きちんと解決しておきたいところです。

「そうなんだ。何か原因がある？」

「えっと……いろいろ考えてしまうんです。最初の入り方とか、相手チームを想定して配球

を考えたり」

「そうか、そのうちに眠れなくなってしまう」

「そうなんです」

こんな場合、一番簡単なのは、頭の中をクリアにして、何も考えないようにすることです。そうすれば、そのうちに寝られます。

でも、「何も考えないようにしよう」と思っても、つい何か考えてしまうから悩んでいるんですよね。

爽やかな風が吹き抜ける林のイメージで快眠！

そこで私は、こう提案しました。

「じゃあ、寝る時には、静かなイメージを作ってみよう。例えば、海辺で波の音を聞きながら落ち着いているイメージはどうだろう？」

「家は山なので、海辺のイメージは難しいです」

「それは悪かった（笑）。じゃあ、林の中で爽やかな風を感じて、木の葉の揺れる音を聞いて自然と一体になっているイメージは?」

「それ、いいです!」

「そうして、身体がすごくリラックスしてきて、気持ちいいという感覚を味わってみよう」

「はい、やってみます!」

後日のメンタル講習の際に聞いてみると、「おかげさまで、布団に入ってすぐに寝られるようになりました」と笑顔の答え。

おかげで、この選手は特に体調を崩すこともなく大会を戦い続け、エースにふさわしい活躍を見せてくれました。

人間の脳は、否定形を理解できない

この選手のように、寝る前にあれこれ考え込んでしまって眠れなくなるという人は多いと思います。寝る前はあれこれ考えるのを止めて、脳と身体をリラックスさせることに集中したいですね。

ただ、「何も考えないようにしよう」と思っても、なかなかそれはできません。

なぜなら、人間の脳は、否定形を理解できないからです。

例えば「犬を思い浮かべないでください」と言われると、つい頭の中に犬のイメージが浮かんでしまいますよね。それと同じで、「何も考えないように」と思えば思うほど、人間の脳は何かを考えてしまうのです。

ではどうすればいいかと言うと、「何も考えないように」と思うのではなく、眠りを誘うようなリラックスした情景を思い浮かべましょう。

例えば、海辺で波の音を感じながら寝ているとか、静かな湖畔でハンモックに揺られながら寝ているといった、静かなイメージがいいですね。

他には、雨音も意外とお薦めですよ。

このようなイメージを思い浮かべると、脳がリラックスして、自然に眠ることができます。ぜひ試してみてください。

野球選手に限らず、夜なかなか眠れないと感じながら朝を迎えると、脳と身体にストレスが残り、翌日の仕事や試合で能力を発揮できない状態になってしまいます。

翌日に万全の体制で臨むためにも、ぐっすりと眠って脳と身体を整えていきたいですね。

ポイント

本番前に緊張して、あれこれ考えて眠れなくなった場合は、「何も考えないようにしよう」と思ってもなかなか寝付けません。何も考えないのではなく、眠りを誘うようなリラックスした情景を思い浮かべるようにアドバイスしましょう。

7

「いつも表情が固い」子には、笑顔の練習をさせる

表情を変えれば、行動も自然と変わってくる

表情が固いと、身体も固くなる

メンタルサポート校で、いつも表情が固く、うつむき加減になっている選手がいました。

「いいセンスを持っているよね」

「ありがとうございます」

「どう？　野球は楽しい？」

「はい、楽しいです」

話しかけると、こんな答えは返ってくるのですが、やっぱり表情は固いままです。

もちろん、表情が固いだけなら大きな問題ではないのですが、その選手の場合は、それがプレーにも影響していました。

「試合ではどう？　自分の思ったようなプレーができてる？」

「いえ、なかなかうまくいかない感じです」

「どんな感じ？」

「固くなってます」

どうやら、自分でも問題には気づいてるようです。

その選手は、素晴らしい身体能力を持っているにもかかわらず、試合になると身体が固くなって、本来の力が発揮できないままで終わってしまうことが多かったのです。

笑顔を練習したらプレーも上達した！

そこで、私は聞いてみました。

「どうすればいいと思う？」

「身体を動かしたりはしてるんですけど……」

「メンタル講習の時に話したことは覚えてない？」

「え〜と、切り替えるためには言葉を変える……でしたっけ……」

「そう、言葉と何だっけ？」

「表情や動作です」

「そう！　君の場合は表情を変えてみようか」

そう言って、明るい笑顔になることを勧めてみました。

ところが、試しにやらせてみると、うまく明るい笑顔が作れません。そこで、彼には課題を出しました。

「これから、あいさつする時には笑顔になるようにしてみようか。笑顔の練習だね」

「はい、頑張ってみます」

その後、練習試合に顔を出してみると、この選手から明るい笑顔つきのあいさつがありました。どうやら、課題はきちんとできているようです。

監督に聞いても「最近表情が明るくなってきました。自信があるように見えますね」ということでした。

そして、その成果が出たのでしょう。この日の練習試合でも以前とは違って、しっかりと守り、打つ方でもチャンスにヒットで後続に繋ぐことができていました。

いつも繰り返している習慣が、様々な行動に影響する

私達は「習慣の生き物」です。潜在意識の中に入っている、自動的に行われる習慣が私達の行動パターンを決めてしまっているんですね。

例えば今回の選手の場合は、「固い表情をしている」という習慣が、プレーの固さに繋がってしまっていたわけです。

こうした場合にどうしたらいいかと言うと、望ましい習慣を意識して繰り返すことで、潜在意識のプログラミングを書き替えてしまえばいいのです。そこで、明るい笑顔であいさつをするということを、意識して繰り返してもらいました。

この意識するということが大事なのです。放っておくと潜在意識に入っている通り、今まで通りの行動になってしまうからです。

職場でも、冴えない表情の部下や後輩がいませんか?

そんな部下や後輩は、仕事でもミスが目立ったり、大きな失敗してしまったりということになりがちです。

それは、冴えない表情を繰り返していることが原因です。

そんな時は、意識的に明るい表情を作ることを促してみましょう。
心が変わるかどうか、明るい心になっているかを考える必要はありません。
表情が明るくなると、心も自然と明るくなります。
毎日行う朝礼で笑顔になる練習をするというのもいいですね。

ポイント

日々繰り返している習慣が、私達の行動パターンを決めてしまっています。いつも固い表情をしている子には、笑顔の練習をさせて、潜在意識のプログラミングを書き替えてしまいましょう。

いまどきの子を
「本気」に変える
メンタルトレーニング

第２章

「おとなし過ぎて、困るんです！」

自分の殻に閉じこもっている子への接し方

1

いろいろ「言い聞かせる」より、普段通り「明るく接する」

引きこもっている子に、暗い表情で何を言っても、追い詰めるだけでしかない

3ヶ月前から不登校になってしまった娘さん

「うちの娘のことなんですが、3ヶ月前から不登校になってしまったんです。今は朝からずっと家にいるんです。もう、どう対応して良いのか……」

前作『いまどきの子のやる気に火をつけるメンタルトレーニング』を読んだお母さんからいただいたご相談です。お電話でご相談いただいたのですが、電話越しでも分かるくらい、悩み果てたご様子でした。

「そうですか……それは心配ですね」

「なかなか部屋から出てこようとしないので、まともに話もできない状態で……もう、どうしていいのかと……」

なるほど、けっこう重症のようです。

引きこもりは家族にも悪影響を与える

こうした場合、気をつけなければならないことがあります。それは、引きこもっている本人だけでなく、家族まで悪影響を受けてしまうことが多いということです。

私は、確かめてみました。

「旦那様は何と言っているんですか？」

「『放っておけ』とほとんど無視状態で、なおさら娘は引きこもってしまうといった感じです。家の中も暗くなって、下の子にも影響が出ないかと心配しています」

「そうなんですね。家族での会話も少なくなっている感じですかね」

「そうです……」

想像した通りでした。これは、今すぐにでも対処が必要でしょう。

親が暗い表情で話しても、子供は悩むだけで、言葉は届かない

わが子が不登校になってしまうというのは、親御さんにとって、非常にショックなことだと思います。その気持ちは、よく分かります。

ただ、ここで注意したいのが、そのショックをそのまま子供にぶつけてしまうということです。これは、逆効果になりかねません。

私はその点を確かめてみました。

「お母さんは、娘さんに対してどのように対応されているんですか？」

「いろいろと言い聞かせているんですが、ほとんど話を聞いてくれません」

「そうですか……もしかして、お母さんは『なんでこんなことになったんだ』と悲観して、毎日暗い表情で過ごされているのではないですか？」

「……はい、やっぱりどうしても暗くなってしまいます」

「ですよね」

やっぱりです。

こういう状況で、親が暗い表情をしてしまうのは、仕方がないことだと思います。

でも、そんな親の暗い表情を見ると、ただでさえ、いったん閉じこもってしまって、そこからどう抜け出せばいいのか分からず悩んでいる子供としては、「親がこんなに悲しんでいるのは、私のせいだ」とますます自分を責めてしまったり、「親をこんなに悲しませる自分はダメなんだ」と悲観してしまったりするのですね。

そういう状態で、親から何を言われても、「私のせいだ」「自分はダメなんだ」という気持ちが強まるだけで、問題解決に気持ちが向かないのです。

ウソでもいいから、明るく普段通りの生活をしてみよう

そこで私は、お母さんに一つ提案しました。

「ここは頑張って、明るくしてみませんか？」

「明るく、ですか？」

「そうです。例えば、朝仕事にいく時に『お母さん、仕事に行ってくるね』と明るく声をかける。夕食も皆で楽しそうに食べる。そんなふうに、明るく普段通りの生活をするんです」

「そんな……娘がこんな状況なのに、明るくはできないです」

「心から明るくならなくてもいいんです。ウソでもいいから、笑顔を作って、明るく振る舞ってみてください」

先ほども説明したように、部屋に引きこもっている娘さんにとって、親の暗い表情は自分を責め立てるものでしかありません。

だから、「何とかしよう」と暗い表情であれこれ話しかけることはやめて、あえて何も言わず、明るく普段通りの生活をするんです。

そうすると、娘さんもだんだんと気持ちを落ち着け、一人で暗い部屋で引きこもっているよりも、「明るい普段通りの生活」の場に出て行きたくなります。

こういうケースでは、まずはとにかく、娘さんが戻って来やすい雰囲気を作ることが大切なんですね。

「そんなにうまくいくでしょうか……?」

私が説明しても、お母さんはまだ不安そうでしたが、それでもとにかく私の提案通りにやってくれることになりました。

明るくやっているからうまくいく

その後、しばらくして、このお母さんから「娘が無事学校にいき始めた」という喜びの報告がありました。

まだ保健室にいることが多いみたいですが、学校にはいくようになったとのことですので、一安心といったところでしょう。

本当に良かったです。

人間というのは、環境の影響を受ける生き物です。ですから、「明るい雰囲気を作る」というのは、親や上司、経営者にとっては重要な役割だと思ってください。

明るい雰囲気の家庭で、子供がおかしくなっているという話を聞いたことがありませんよね。同様に、明るい雰囲気の企業で、身体の不調を訴える社員が多い、離職率が高いという話も聞いたことがありません。もちろん、チームや部活動も同じです。

これって、「うまくいっているから明るい」のではなく「明るくやっているからうまくいく」ということなのです。

ポイント

引きこもるほど悩んでいる相手に、暗い表情であれこれアドバイスしても、相手の気持ちを追い詰めるだけ。明るく普段通りの生活をして、相手が戻って来やすい雰囲気を作ることが大切です。

2

「何を考えているのか分からない」と思うより、「表情」に注意を払う

「何を考えているのか分からない」のは、「何も見ていない」から

「何を考えているのかさっぱり分からない部下」に悩むリーダー

私は、企業からリーダー教育研修をご依頼いただくこともよくあります。これは、そんなリーダー教育研修での出来事です。

研修終了後に、最近抜擢されたリーダーから相談がありました。

「職場の若いメンバーが何を考えているのかさっぱり分からないんです」

おやおや、よくある相談がやってきました。

「何があったんですか？」

「指示を出しても、『分かりました』とは言うのですが、その後の行動を見てると、全然やらないんですよ」

「それは困りますよね」

「そうなんです。理解しているのかどうかも分からないし、何を考えているのか分からないんですよ」

「何を考えているのか分からない」のは、「何も見ていない」から

こうしたご相談、よくあるのですが、原因は単純なことがほとんどです。

実は「何を考えているのか分からない」と言いつつ、分かろうとしていないケースが多いのです。

「分かろうとしていない」と言うと「そんなことはない」と反論されるかもしれませんが、具体的には、相手のことをよく見ていないんですね。

何も見ないまま、自分の価値観だけで判断しようとしている。これでは、相手のことなど何も分かるはずがありません。

私は、そのリーダーに、質問をしてみました。

「そのメンバーの方と話す時、彼はどんな表情をしていますか?」

「表情ですか？……う〜ん、よく分かりませんね……」

「顔に出すタイプではないということでしょうか？　それとも、表情はあまりよく見ていないのでしょうか？」

「……そう言われてみると、よく見てないと思います」

やはり、これも同じケースでした。

表情を観察すれば、口に出さない本音が見えてくる

そこで、そのリーダーには、宿題を出すことにしました。

「一度、ちゃんとそのメンバーの顔を見て、表情を確かめながら話してみませんか？」

ここで、表情を確かめるように言ったのには、もちろん理由があります。

人間というのは、心の状態が、必ず表情や態度に出る生き物です。

「イヤだな」と思っていると、伏し目がちで眉間にしわが寄っているような表情になりますし、態度も悪くなって、名前を言っても返事がないなど、マイナスの態度、行動が現れます。

逆に、「楽しいな」と思っていると、自然と笑顔になって、姿勢も良くなり、名前を言った

ら「はい」という明るい返事が返ってくるなど、プラスの表情や態度、行動が現れます。

中でも特に、表情は心の状態が現れやすい部分です。本人が自覚していなくても、ふとした表情が本音を語っているということもよくあります。

したがって、何を考えているのか分からないといった場合は、表情の変化に着目してみるといいのです。表情をよく見ていると、その人が今どんな心の状態なのかを察することができるようになります。

日常的に表情の観察を続けていれば、問題も早めに発見できる

その後、この企業に再訪した際に、私はリーダーに確認してみました。

「前回話をしていたメンバーの表情の件、どうでしたか?」

すると、リーダーは明るい声で答えてくれました。

「そうですねぇ……彼はあんまり表情に出さないタイプなんですが、ちょっと気になったことがあるんです」

「何ですか?」

「実は、普通に話をしている時は、ちゃんと私の顔を見てるんだけど、ちょっと難しい仕事などを頼んだ時に目をそらすんです。その時は、仕事ができていないことが多いですね」

どうやら、少しずつメンバーのことが分かってきて、悩みが軽くなってきたようです。

「それは、いいところに気がつきましたね。いいリーダーになれますよ」

私がそう言うと、リーダーはまんざらでもない笑みを浮かべて、「はい、頑張ります！」と元気に応えてくれました。

その言葉通り、その後もこのリーダーはメンバー達の表情を注意して観察するようにしたそうです。

その結果、メンバーの表情を見ていたら、「今日は顔が明るいな」とか、客先から帰ってきた時に「あれ？　顔が暗いな。何かあったのかな？」と分かるようになったとのことでした。

そして、顔が暗いなと思った時には「どうした？　何かあった？」と聞くようにしたら、メンバーも「実は……」と話してくれるようになったのだそうです。

このように、コミュニケーションが取りづらい相手であっても、まずは表情の観察から始めると、問題解決の糸口が見つかるようになるものです。

「この子は、何を考えているかよく分からないな……」と思う相手がいたら、ぜひ、その人の表情を観察してみましょう。

例えば職場であれば、朝礼を行っている会社は多いと思いますので、その朝礼の際に、できるだけ全員の顔が見えるように円形になって実施するのもいいと思います。そうすると、自然と全員の表情をチェックすることができますし、暗い顔をしている部下がいれば、朝礼後にちょっと声をかけることもできますよね。

ポイント

人間は、心の状態が必ず表情や態度に出る生き物です。表情を観察すれば、口に出さない本音が見えてきます。日常的に表情の観察を続けて、相手の小さな変化にも早めに気づいてあげるようにしましょう。

3 「こうしたらいい」とアドバイスするより、「話を聞く」姿勢を持つ

考えるのが苦手な子は、アドバイスするとどんどん自分で考えなくなっていく

キャプテンなのに「自分で考えて決める」ことができない選手

高校野球のチームのキャプテンと言うと、ハキハキしていて何事も自ら決め、行動していくタイプをイメージする方が多いでしょう。

でも、実際には、実にいろんなタイプのキャプテンがいます。

私がサポートしている高校にも、キャプテンにしてはちょっと物足りないと思う選手がいました。

新チームになった後の最初のメンタル講習で、チームスローガンを決めることになった時のことです。

「キャプテンはどう思う？」

「え～と……何と言うか……」

私が話を振っても、なかなか言葉が出てきません。

最近は、このように「自分で考えて決める」ということが苦手な人が増えていますね。

職場でも、与えられた仕事はきちんとやるのに、上司からの指示がないと動けない、という新人は多いかと思います。

上司としては「もっと自分で考えて行動してほしいのに……」と物足りなく思うことも多いでしょう。

自分で考えられるようになるには、話を聞いてくれる存在が必要

そういう子に対しては、どうすればいいのでしょうか？

私達は、誰かに自分の考えていることや感じていることを存分に話すことによって、頭の中の考えが整理されていきます。また、自分の言葉を自分の耳で聞くことにより、気づきが促されていきます。

つまり、自分で考えられるようになるには、話を聞いてくれる存在が必要なんですね。

ですから、ここは話を聞く姿勢を持つことが重要です。

私はキャプテンに言いました。

「いいよ、待ってるから。ゆっくり考えてみて」

するとキャプテンは、苦笑いしながらも何とか自分で答えを出そうとしています。

時折チラッと私の顔を見て助け舟がほしいというような目線を送ってきますが、それも笑顔で受け留めて待ちます。

こんな時、つい親切心から「こうじゃないのか」とか「こんなふうにやってみたらどうだ」などとアドバイスを入れてしまいがちですが、それでは相手の成長に繋がりません。ここであれこれアドバイスをしてしまうと、結局は自分で考えずにアドバイスを待つようになってしまいます。

ですから、ここはグッと我慢です。

言葉が出るまで待つ姿勢が求められます。

結局、キャプテンはしばらくうんうんとうなっていましたが、やがて観念したような表情を浮かべて口を開きました。

「気持ちが上がるような言葉がいいと思います」

やっと、自分なりの意見が出てきました。

まだちょっと物足りない意見ではありますが、大きな一歩です。ここでチャンスを逃さず、自分で考える姿勢を強化する必要があります。

「そうだよな！　気持ちが上がる言葉、これ、大事だよ」

私がそう言うと、キャプテンは満面の笑みを浮かべてドヤ顔です。

「よし、気持ちの上がる言葉を一人づつ言ってみようか」

こうして部員一人づつに言葉を挙げていってもらい、その日は無事チームスローガンを決めることができました。

小さい時から親があれこれと口を出し、やれと言われたことだけやっていれば良かった。

学校でも先生が決めた通りにしていれば良かった。

話を聞ける大人になろう

そういう積み重ねで、「自分で考えられない子」に育ってしまっているケースが増えています。

そんな子にいきなり「自分で考えろ」と言っても、最初は戸惑ってばかりで、なかなか自分の考えがまとめられないことが多いでしょう。

ですから、まずは根気強く話を聞くこと。しっかりと聞いてあげ、存分に話をさせることで、相手が頭の中を整理していくのを助けることができます。

ぜひ、「話を聞ける大人」になってくださいね。

ポイント

自分で考えて決めるのが苦手な子には、アドバイスより、じっくり話を聞いてくれる相手が必要です。存分に話をさせてあげれば、自然と頭の中が整理され、きちんと自分の意見がまとまってきます。

4

「相手より勝っているところ」ではなく「共通点」を探させる

「ライバルに勝てっこない」と自信を喪失している子は、相手を過大評価している

背番号をもらえずモチベーションが下がってしまったS君

ちょうど、春季大会を終えた頃の話です。

「これから夏季大会に向けて、チームのモチベーションを上げていかなければいけない」という大切な時期にも関わらず、モチベーションが下がってしまっている選手（S君）がいました。というのも、S君は背番号をもらえず、次の大会も背番号をもらえるかどうかという状況だったのです。

もちろん、高校野球では、試合に出て活躍できる選手ばかりではなく、ベンチ入りできるかどうかのラインにいる選手はたくさんいます。そういった選手でも、モチベーションが高く、「次の大会では必ず背番号をもらうぞ」と頑張っているのであれば問題ありません。しか

し、S君は違いました。

「どうだ？　夏の大会ではベンチ入りを狙ってるか？」

「はい、狙っています」

口ではそういうのですが、どうも練習の態度を見ていると、本気で狙っているようには感じられません。もう一歩というところで手を抜いてしまうプレーが目立つのです。半分諦めの気持ちでやっていることがバレバレです。

このままでは、S君がベンチ入りできないことはもちろんですが、S君のやる気のないプレーがチーム全体のモチベーションを下げてしまうことにもなりかねません。

何とかS君にモチベーションを取り戻してもらいたいところです。

自信をなくしている時は「勝っているところ」を見つけられない

では、なぜS君は本気でベンチ入りを目指さないのでしょうか？

様々な理由が考えられますが、よくあるのが、同じポジションで競争している選手と比較して「自分がベンチ入りするのは無理かな」と諦めてしまうパターンです。

そこで私は、S君に確認してみました。

「背番号もらうために何かやっていることはある？」

「……いえ、練習はちゃんとやっていますが、特別何かやっているかと言われたら、特にないです」

「それで夏の大会では背番号をもらえる自信はある？」

「正直ないです……（レギュラーの）T君は肩も強いし、バッティングもいいので……自分にはないものを持っています」

やっぱりね。レギュラーの選手と比較して自分が劣っていると思い込んで、自己肯定感が低くなっている状態でした。

こうした場合、何でもいいので「ライバルのT君より自分の方が勝っている」と思うところをS君が見つけられれば、そこを突破口にしてモチベーションを取り戻すことができます。

しかし、そうは言っても、なかなか勝ってる部分を見つけられないこともあります。特に、自信を喪失している状態では、なおさらです。

実際、S君に「自分の方が勝ってると思うところは？」と聞いても、「う〜ん……ないと思います」という答えでした。

「同じところがいっぱいある」と気づけば、モチベーションが戻ってくる

そこで、私は作戦を変えることにしました。

「勝っているところ」ではなく、「共通点」を探してもらうのです。

S君のように、ライバルが強力過ぎて自信をなくしている子の場合、相手のことを「自分とは比べものにならない、すごい存在」だと過大評価していることがあります。こうした場合、まずはその過大評価を直してあげることが大事なのです。

私は尋ねました。

「T君と共通するところ、同じだと思うところはある？」

「え〜と……同じ高校野球部の部員で、身長も同じくらい、足の速さも同じくらい……大食いというところも同じかな……」

「もっと挙げてみよう！　まだあるだろう」

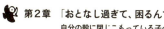

「え〜っ、何だろう……1年の時に同じクラス……中学は違うけど、お互いに同じポジションだった……あっ、服の趣味も同じかな」

ここまで話してきて、S君も気がついたようです。

「なんか同じところを探していたら、確かに肩の強さは負けますけど、守備やバッティングをもっと頑張ったら追いつけるかなという気持ちになってきました」

そうなんです。

勝っていなくとも、同じだと思えるところからスタートすればいいんです。

スタートラインが同じなら、後は努力次第ですから。

「いいところに気がついたね。君はT君に全然劣ってないよ。勝負はこれからだ!」

私がこう言うと、S君は「はい、やってみます」と元気にグランドに走っていきました。

落ちこぼれ社員だって、「共通点探し」で復活する

その後どうなったかと言うと、残念ながら、S君は結局背番号はもらえませんでした。

しかし、それでも諦めずに頑張るS君の姿勢がいい刺激になったのでしょう。S君だけで

なく、レギュラーの選手も大きく成長できました。

チームへの貢献度という点では、S君の功績はレギュラー選手に負けぬとも劣らない、素晴らしいものだった言えます。

高校野球に限らず、職場でも、同期や先輩と比較して「自分には何もない」と自己肯定感が低くなっている社員をよく見かけます。そんな社員でも、研修等で共通点探しを行ってみると、「何だ、けっこうみんなと共通点があるんだ」と自己承認できるようになります。

そして、自分のことを認められるようになると、自分の良いところにも気がつきやすくなり、自己肯定感も高まっていきます。

上司としては、他人と比較するよりも、まずは共通点を見つけて、その次に自分には何ができるかを考えさせてあげるといいですね。

ポイント

ライバルに勝てずに自信を喪失している状態では、相手を過大評価してしまっていることもよくあります。まずは「共通点探し」をして、相手も自分と同じ人間なんだと気づかせてあげましょう。

5

「うざいかな」と遠慮しないで、努めて声をかけてあげる

口をきいてくれないからと言って、嫌われているわけではない

息子が口をきいてくれない！

企業での社員向け講演会で、中学生の息子を持つお母さんから質問をいただきました。

「息子が口をきいてくれないんですが、どのように接していけばいいのでしょうか？」

息子さんが口をきいてくれないというのは、お母さんとしてはけっこうつらいですよね。

実は、質問されたお母さんは知り合いだったので、その場でコーチングセッションのような形式でやり取りを試みました。

「なかなか話してくれないわけですね。それでお母さんはどうされているんですか？」

「え〜と……何もしていないわけではないんですが、これと言って何かしているというわけでもないです」

「このまま続くとどうなると思いますか？」

「息子との関係も悪くなって……家の中も暗い感じになってしまうと思います」

「では、もし、息子さんがどんどん話してくれるようになったとしたらどうなりますか？」

「家族の中も良くなり、家の中が明るくなると思います。そうなったら嬉しいんですけど……」

「そんなふうになったらどうですか？」

「すごく嬉しいです！」

まず「やらないとどうなるか」を考えてもらい、次に「やるとどうなるか」を考えてもらって、ワクワク感を感じてもらう。コーチングの基本ですね。

声をかけられないと、声をかけづらくなる

さて、思春期の子供が、親と口をきかなくなるというのは、よくある話です。

では、なぜ親と口をきかなくなるのでしょうか？

自分が思春期だった頃を思い出せば分かると思うのですが、実は「気恥ずかしい」とか、た

いした理由ではなかったりします。一種の「親離れ」であり、成長の証とも言えますから、そのこと自体をあまり気に病むことはありません。

ただ、この際に気をつけたいのが「うざいと思われるかな」等と気にしすぎて、こちらからも声をかけなくなるということです。

「声をかける」という行為は、「相手の存在を認める」という意味を持ちます。

人は誰しも、声をかけてもらえれば、その人が自分のことを気にかけてくれている、自分の存在を認めてくれていると感じますよね。

そして逆に、何も声をかけられないと、自分の存在を認められていないと感じてしまいます。

自分の存在を認めてくれない相手には、自分からなかなか声をかけづらいですよね。

ですから、子供が口をきいてくれなくなったからと言って、親の側からも声をかけなくなってしまうと、子供はますます親に声をかけづらくなります。

子供から声をかけてもらいたいと思ったら、まずは親の方から声をかけて、「子供が親に話しかけやすい環境」を作っておくことが大切なのです。

反応がなくても根気強く続けることが大事

そこでこのお母さんには、次のように提案しました。

「息子さんに、どんどん声をかけていきましょう。まずは、あいさつからです。息子さんから反応がなくても構いませんから、お母さんから積極的にあいさつもしていってほしいんです」

あいさつは、まさに承認感を得られる最たるものです。

あいさつするということは、相手の存在を認めているということです。「そこにあなたがいると認識していますよ」というメッセージなのです。

「他にも、『弁当、美味しかった?』『部活動はどう?』など、どんどん声をかけてみてください」

そう提案する私に、お母さんは少し迷っている表情を浮かべました。

「やってみますが……でも反応がないとつらいですね…」

「そうですよね。でも、これは相手の反応がどうこうではなく、『私はあなたを認めてますよ』というメッセージを送り続けることに意味があるんです。だから、根気強く、必ず笑顔で声をかけ続けてください。最初は反応が少なくても、根気強く続けば、必ず反応が変わってきますから」

私が笑顔でそう言うと、お母さんも表情が変わり、「はい、やってみます！　ありがとうございました」と笑顔で答えてくれました。

関わり方次第で、人はいくらでも変わる

このお母さんとは、数カ月後に再会したのですが、その時に嬉しそうに話してくれました。

「講演会ではありがとうございました。最初は息子も無視してして私の顔も見なかったのですが、根気強くあいさつしたり、『今日はなんかいいことがあったみたいね』とか声をかけていると、『うるさいなぁ』とか言いながら少し話をしてくれるようになったんです！」

思った通りの展開です。実は、このことは自分の子供でも実証済みだったので、そんなに心配していませんでした（笑）。

これは、相手が子供の場合に限りません。

職場でも、こちらが声をかけても反応が薄い人はいると思います。そういう人に対して、

「仕方がない」と諦めてしまったら、それまでです。

反応が薄かったとしても、それはあなたに興味がないとか、あなたのことが嫌いだからだとは限りません。実は単に、戸惑っているだけのことがほとんどなのです。

ですから、「うまくできてる？」「今日はなんか楽しそうだね」「どうした？ちょっと元気がないなぁ」など、普段のあいさつ以外にもどんどん声をかけてみましょう。

自分のことを気にかけてくれている、認めてくれていると感じたら、自己承認感が高まり、そのうち相手から声をかけてくるようになります。そして、仕事にも積極性が出てくるでしょう。

関わり方次第で、人はいくらでも変わるのです。

ポイント

声をかけても反応が薄いからと言って、それはあなたのことが嫌いだからではありません。最初は反応が少なくても、笑顔で根気強く声をかけ続けましょう。必ず反応が変わってきます。

6

「人の悪口を言うな」と止めるのではなく、自分のことを好きになってもらう

他人の悪口ばかり言ってしまうのは、その子が自分自身を嫌っている証拠

SNSで他人の悪口ばかり書いている娘さん

私が高校のPTA会長を務めていた時、同じPTAの保護者から相談されたことがあります。どんな相談かと言うと、娘さんがLINEなどで、他人の悪口や誹謗中傷ばかり書いていると言うのです。

これは困りましたね。けっこう厄介な問題かもしれません。

近年は、スマホとSNS（ソーシャル・ネットワーク・サービス）の普及によって、いつでもどこでも家族や友達、仲間と繋がれる時代になりました。それ自体は良いことだと思うのですが、それに伴い、問題も発生しています。

この娘さんのように、SNSやネット掲示板といった「公共の場」で書くべきでない他人

の悪口を書いたり、嫉妬などの一方的な思い込みで誹謗中傷したりしてしまう子が、けっこうな数、いるのです。

その結果、思わぬところから炎上してトラブルに発展してしまい、場合によっては停学や退学など、子供の人生を左右しかねない事態まで招いてしまうこともあります。

「何とかやめさせたいんです！」

お母さんの真剣な表情も、分かる気がしました。

子供は親の言動を真似している

さて、こういった場合、「スマホを取り上げる」「ネットの接続先を制限する」といった強攻策も考えられますが、それはその場しのぎの対症療法にしかなりません。いったんはそれで収まっても、親に隠れて抜け道を探すなどして、いずれ同じ問題が再発する危険性が高いでしょう。

そこで私は、もっと根本的な「なぜ他人の悪口ばかり書いてしまうのか」という部分に切り込んでみることにしました。

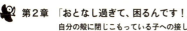

実は、こうしたケースでは、典型的なパターンがあります。まずは、それを確認します。

「お母さん自身は、友達と話す内容はどんなことが多いですか？」

「芸能人とか、お互いに知っている身近な人とか、共通の友達とかの話題……でしょうか」

「どういった内容ですか？」

「正直、誰々がどうしたとか、こんな噂があるとか、悪口とまでは言わないですが、イヤだなと思うところを話していると思います」

やっぱりです。

お母さん自身も、ここまで話して気がついたようで、ポツリと言いました。

「娘と同じだ……」

「娘さんはSNSで、お母さんはリアルで、同じことをやっているのかもしれませんね」

お母さんはショックを受けた様子でした。

このように、子供の行動というのは、親の行動を真似ていることが多いものです。そんな状態でお母さんが娘さんに「悪口を書くのはやめなさい」と言っても、説得力がないですよね。

まずは、そのことを自覚して、親の行動から直していく必要があるのです。

自分のことを肯定的に思えていないと、他人や物事の否定的な面にばかり意識が向く

それでは、このお母さんは、なぜ人の悪口ばかり話してしまうのでしょうか？

実はそれは、自分のことをどう思っているかと関係するのです。

「お母さんは、自分のことをどんなふうに思っていますか？」

「どんなふうにですか……至らない母親だと感じてますかね……。あまり自分のことは好きじゃないかも」

「そうですか。じゃあ、娘さんは自分のことをどんなふうに感じていると思いますか？」

「あぁ、やっぱり、いつも『自分はダメだぁ』とこぼしていますので……自分のことをよく思っていないのかもしれません」

ここがポイントです。

自分のことを肯定的に思えていないので、どうしても他人を羨んで妬んだり、物事の否定的な面にばかり意識を向けてしまうんですね。

自分の良いところがなかなか出てこないなら、他人が伝えてあげる

したがって、このような時は、まず自分自身を肯定的に受けとめることができる「自己肯定感」を高める必要があります。簡単に言うと「自分のことを好きになる」ということですね。

そのためには、自分の良いところに意識を向けることが必要です。

私は、お母さんの言葉を受けてアドバイスを続けました。

「自分のプラス面に意識を向けてみたらいいですよ」

「そんなこと言われても……なんか難しそう……」

こういうことは、よくあります。これまでずっと自分の悪いところばかり意識してきた人が、いきなり自分で自分の良いところを探そうとしても、なかなか出てこないものなのです。

そういう場合は、良いところを伝える場を作ることが有効です。今回は、私が良いところを伝えることにしました。

「いやぁ、そんなことないですよ。いつもＰＴＡ活動でご一緒させていただいているので、良いところはいっぱい知っていますよ」

「えっ？　例えば、どんなところですか？」

「前向きな発言が多い。いつも元気で明るい。遅刻しない。いつも周りに気を遣ってくれている……」

私の言葉で、そのお母さんの心が少し軽くなったようです。

「本当ですか……ありがとうございます。そうですね、私にも良いところがあるんですね。もう、他人のことをあれこれ言うのはやめます」

じっくりと噛みしめるように、そう言ってくれました。

「娘さんの良いところも、娘さんに伝えてあげてくださいね」

私が最後にそう付け加えて、その日の話は終わりました。

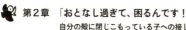

お互いに良いところを言い合う場を作る

このお母さんとは、後日、ＰＴＡの会合の際にまたお会いしたのですが、その時にこんな喜びの声をいただきました。

「おかげさまで、娘と良いところを言い合うことをやっています。娘の表情も明るくなって、友達ともうまくやっているみたいです。本当にありがとうございました」

うまくいったようですね。

この親子に限らず、他人の悪口ばかり言っている人というのは、よく見かけます。

もし、あなたの身近にもそういう人がいても困っているなら、まずはその人に、良いところを伝えてあげましょう。

例えば職場なら、朝礼などを活用して、お互いに「○○してくれてありがとう」と言い合う場を設けるのもいいですね。

ポイント

他人の悪口ばかり言ってしまう子は、自分自身も嫌っています。まずは自分を好きになってもらうため、良いところを伝えてあげましょう。自分を好きになれば、自然と悪口はなくなります。

7
「自分らしくいけ」と言うのではなく、「憧れの××さんだったらどうする？」と聞く

周りの目を気にして自分を見失っている子は、視点を変えさせると答えを見つけられる

周りの目を気にしすぎて結果が出せなくなった主力選手

サポート校で、主力だった選手のB君が、不振に陥ってしまったことがありました。

B君は素晴らしい身体能力を持っている選手なのですが、試合で結果が出せなくなってしまったのです。

「今の状態を、自分ではどう思ってる？」

こう質問すると、彼は何度か首を傾けながら、苦笑いをして答えてくれました。

「なんかうまくいってない感じがします」

「そうなんだ。うまくいっていないと思うのはなんでかな？」

「なんか……監督や……親もそうなんですけど、周りの目が気になるんです。『何やってん

だ』と思われているような気がして……」

なるほど、これでは調子が悪くなっても仕方ありません。

スポーツの世界は他人の評価にさらされる機会が多いですから、ある程度は周りの目が気になってしまうのも自然なことです。

ただ、それがいきすぎると、B君のように「うまくやらなきゃ」という焦りが生じ、かえってうまくプレーできなくなってしまう子も少なくないのです。

そういう時は、他人の目を気にせず、のびのびと自分らしいプレーをすることで調子を取り戻してもらいたいのですが、なかなかそう簡単にはいきません。

単に「自分らしくいけばいいよ」なんて声をかけても、それでその後の行動が変わるかと言えば、そうはいかないことが多いでしょう。

むしろ、「自分らしさって何だ?」と、かえって悩みを深めてしまうことすらあります。

視点を変えれば、やるべきことが見えてくる

そこで私は、このような時は「視点の主体を変える」ことをお薦めしています。

視点を変えると、自身の硬直的な見方から脱することができます。すると、今まで見えていなかった新たな発想や、今までとは異なる行動の可能性に気づきやすくなるのです。

特に、自分が憧れていたり、尊敬している人の視点で考えてみることで、本来のやるべきことが見えたりします。

私は、B君にこう言いました。

「じゃあ、君がチャンスに強い最強のバッターになったとしようか。具体的に誰を思い浮かべる？」

「そうですねぇ……松井秀喜さんです！」

「おぉ、やっぱり、松井秀喜さんは最強だよな！　じゃあ、松井さんだったら、この状況をどう打開すると思う？」

「う〜ん……どうだろう……よく分からないですね」

こういう場合は、質問の仕方をちょっと変えてみます。

「そうか、じゃあ、松井さんがアドバイスしてくれるとしたら、何と言ってくれると思う？」

「そうですね……『あれこれ考えずにやるべきことをやればいい。目の前のことに集中したらいい。努力は裏切らない！』と言ってくれると思います！」

B君は、目をキラキラさせて答えてくれました。

もちろん、これはB君の勝手な想像です。本物の松井秀喜さんがこう言ってくれるとは限りません。

でも、それでいいのです。B君自身が「松井さんならきっとこう考える」と心から思えるのであれば、それがB君にとっての正解となります。

第三者の視点で考えるきっかけを与えよう

結局、B君は「憧れの松井さんなら、周りの目を気にしてあれこれ考えずに、目の前のことに集中するはず」という指針を得たことで、だんだんと元のように、打席で集中できるようになりました。

その結果、もちろん、大会でも主力として大活躍したのです。

このように、自分の視点で見ていただけではなかなか解決できなかった問題も、「視点の主体を変えて」別の視点から見てみることで、あっさりと解決できてしまうことはよくあります。

職場でも、B君のように、周りの目が気になって、常に「自分がどのように見られているのか」ばかり気にしてしまって、自分らしさを見失っている社員はいると思います。

そんな時は、第三者の視点で考えるきっかけを与えてみるといいでしょう。

例えば、こんなふうに質問をしてみるのもいいと思います。

「部長だったらどのように考えるだろう？」

「部下はどう思っているのだろう？」

「お客様はどんな思いなのだろう？」

すると、視点がガラッと変わって、自分を客観的に捉えられるようになり、どのような行動をすればいいのかも見えやすくなるでしょう。

ぜひ、試してみてください。

ポイント

周りの目を気にして、自分らしさを見失っている子には、「憧れの××さんだったらどうする?」と聞いて、視点を変えさせましょう。自身の硬直的な見方から脱することで、今まで見えていなかった解決策に気づきやすくなります。

第3章

「言われたことはやるけれど……」

前向きな行動ができない子への接し方

1

「チャレンジしろ！」と言うのではなく、過去の栄光を思い出させる

消極的になってしまっている子は「好調だった時の自分」を忘れている

自分を見失ってプレーが消極的になってしまった主力選手

サポートしている高校の主力選手のA君。

何がきっかけかは不明なのですが、それまでの好調がウソのように、大会に入ってから不調が続いていました。

打席で常に迷っていて、チャレンジできていない。

凡打したり、三振するのが怖くなっているのかもしれません。

このまま調子が上がらないのは困るので、試合後にA君に話しかけてみました。

「今日の打席はどうだった？」

すると、すぐさま苦笑いを浮かべて答えます。

「なんかちょっとおかしい感じがします」

「そうなんだ。おかしいと思うのはなんで?」

「ちょっと消極的になっているのかもしれません」

なるほど、自分でも分かっているんですね。

こういう場合は、いくら「プレーが消極になっているぞ。もっとチャレンジしろ」と言っても、意味がありません。

自分でも消極的になっていると分かっていて、それでもチャレンジできないから、不調に陥っているわけです。

「好調だった時の自分」をイメージさせ、今の自分と比較させよう

A君のように、「かつてはチャレンジできていたのに、いつの間にかチャレンジできなくなってしまった」という選手は多いものです。

その主な原因は、自分を見失ってしまっていることにあります。

自分はどんな選手だったのか、何ができる選手なのか……といったことを見失ってしまっ

ているのです。

例えば大きな大会に初出場した時など、これまでとは違うステージに立った時や、環境が大きく変わった時などに起こりがちなトラブルと言えるでしょう。

こんな時、チャレンジ精神を取り戻させるためには、過去の栄光を辿らせてみます。

過去の活躍していた自分は何をしていたのか、どんな選手だったのか、ということを思い出してもらうのです。

私は、A君に問いかけました。

「ちょっと前までは、好調だったよね。これまでの中で、自分が一番絶好調だったというのはいつ頃かな？」

A君は目を閉じてゆっくり考えると、答えました。

「昨年の秋の大会です」

絶好調だった時期を思い出してもらったら、次はその時の様子をなるべく具体的にイメージしてもらいます。

「その時どんな活躍をしているの？」

「チャンスでしっかりと打てて、自分でも怖いくらいに調子がいいです」

「おぉ、それはすごいね。それが本来の君の姿だね。今の気持ちは？」

「とても気持ちいいです。最高ですね」

これで「好調だった時の自分」のイメージが取り戻せました。後は、今の自分との違いが見えてくればＯＫです。

「よし、目を開けていいよ。その時の自分と、今の自分との違いはどこにある？」

「そうですね……あの時は何も考えずに攻めてましたね。とにかくチャレンジしていたと言うか、目の前のことに集中できていたような感じです」

違いが分かれば、自然と解決方法も見えてきます。

「そうか、じゃあ、今しなければならないことは？」

「迷わず、１打席１打席集中して臨むことです」

「よし、いいね。次の試合は楽しみにしているよ」

これで迷いが晴れたのでしょう。Ａ君は、「はい、ありがとうございました！」と元気な声で返事をしてくれました。

過去の栄光は誰にでもある

その後、A君は無事不調から抜け出て、チャレンジすべき場面でしっかりチャレンジし、打てるようになりました。

そして、チームの優勝に大きく貢献してくれました。

仕事でも、なかなかチャレンジしようとしない部下がいる場合には、この方法は有効です。新入社員など職歴が浅い場合は、仕事上ではなく、学生時代などの過去の栄光でも問題ありません。

本人が思い出せない時、または過去の栄光がないと感じている人に対しては、「高校の時はどうだった?」とリードしてあげたり、「そんなことができたのか!」とリアクションしてあげたりして、過去の栄光を思い出せるようにサポートしてあげましょう。大なり小なり何かきっと見つかるはずです。

そして、その時の自分の状態と現在の自分の状態の違いに気がつけば、きっと行動も変わってくるでしょう。

ポイント

「チャレンジしろ」と言われても消極的になってしまう子は、過去の「好調だった時の自分」を忘れてしまっています。過去の栄光を思い出してもらい、今の自分と比べることで、解決策を見つけさせましょう。

2

「積極性が見えない！」と嘆くより、役割を与える

「自分のやることはここまで」と消極的な態度の子は、余計なことをして損したくない

実力はあるのに積極性がないために、結果が出せない選手

サポート校の選手のU君。

能力はあるのに、試合で結果が出せていません。

監督に「どうなんですか？」と聞いてみると、少し諦め顔で話してくれました。

「プレーに積極性が見えないんですよ、練習でも試合でも。実力はあるんだから、もうちょっと頑張ればいいのに……本人に言っても、『自分のやることはここまでだと思いました』と平気で言うんですよ」

自分で「自分のやることはここまでだ」と、勝手にブレーキをかけてしまっているんですね。

これはもったいない話です。

せっかく実力があっても、それを発揮しようとしないのでは、ないのと同じことになってしまいます。

それは、本人にとってもチームにとっても、大きな損失です。

「もう少し積極的になってほしい」

指導者や上司の立場の方なら、選手や部下に対して誰もが思うことではないでしょうか。

それなのに、期待とは裏腹に、「やれと言われていないので」「これは自分の仕事ではないので」と消極的な態度を取る選手や部下を見て、落胆してしまっている方も多いことと思います。

積極性がないのは、損したくないから

なぜこんなふうになってしまうのかと言うと、「やれと言われていないことをやっても意味がない」「むしろ、余計なことをして怒られたら、損だ」と思ってしまっているんですね。

最近の子に多いパターンなのですが、とにかく損することを嫌うのです。

やれと言われていないことを（良かれと思って）やった結果、得する可能性もあるし、損する可能性もある。

そういう場合に、「いくら得する可能性があっても、損する可能性があるなら、初めから余計なことはしない方がいい」「現状で満足しているのに、わざわざ自分から損するリスクを背負いこむことはない」という価値観なのです。

もちろん、人間なら誰だって損するのはイヤですが、その気持ちが極端に強い。

やる気がないわけではないんですが、欲がないんです（正確には、「欲」より「損する恐怖」が勝ってしまうんですね）。

だから、端から他人が「もっと積極的になれば成果が出せるのに」といくらメリットを強調しても、あまり効果がないんです。

本人は心の中で「でも、リスクもあるでしょ」と思っているので、なかなかその気になってくれないんですね。

役割を与えれば、積極性が生まれる

こんな場合は、明確に役割を与えることが有効です。

「この選手には、どんな役割を与えているんですか？」

監督に質問してみると、「う〜ん、役割は特にないですかね……何か役割があった方がいいのでしょうか？」との答え。

そこで、役割が明確になることの効果を、まずは監督に実感してもらうことにしました。

「例えば、監督の役割は何ですか？」

「そうですね……野球を通して社会に通用する人材を育てることですかね……」

確かに、高校野球の監督の役割と言うと、一般論としてはよくそのように語られますね。

でも、監督自身が、何かピンと来ていない様子。

そこで、ちょっと角度を変えて質問してみます。

「なるほど。では、『社会に通用する人材』って、具体的にどういうことでしょうか？　そのために、監督は何をされていますか？」

「え〜、何でしょう……選手達に『できる』と思えるようになってほしいというのはありますね。そのために野球に限らず学校生活の中でも『できる』を意識させてます」

「それは素晴らしい！　『できる』と思える人材を作る、というのが、監督の役割なんですね」

「そうそう、そうなんです」

我が意を得たり、といった様子で、監督は満面の笑みを浮かべています。

「どうですか？　自分の役割が明確になったら」

「すごく嬉しいですね。やる気が出ました」

そうなんです。

役割があるというのは、「その役割にふさわしいだけの価値がある」という意味を持つんですね。

つまり、「自分の役割が明確になる」ということは、「自分の価値が明確になる」ということでもあるんです。

だから、自分の役割が明確になれば嬉しいし、その役割を果たして自分の価値を証明しようと、やる気も湧いてくる。

そして、これは逆に見ると「役割を果たせない＝自分の価値が下がる」ということになりますので、損を極端に嫌がる子であっても、「自分の価値が下がる」という損失を避けるために積極的に行動して、その役割を果たそうとします。

この心理を利用するわけです。

役割が人を育ててくれる

後日、この監督に話を聞くと、U君にはメンタルリーダーの役割を与えたそうです。

「メンタルリーダーとして、チームのメンタル面を強化してほしい」

監督にそう言われたU君は、最初は「ええ〜……」と嫌がりながら、しぶしぶ引き受けるような感じだったそうですが、いざ任せてみたら自分から積極的にいろいろ提案するようになったとのこと。

「今では、チームを引っ張る存在ですよ」と、監督は目を細めていました。

俗に「立場が人を作る」と言われたりもしますが、その人にふさわしい役割を与えるのも、指導者の大切な役割です。

もちろん、相手の手には負えないような大きな役割を与えてしまうのは考えものですが、「この子にはもっと実力があるはずなのに、なかなか発揮してくれない」という時は、ぜひ役割を明確にしてあげてください。

「職場の先頭を切って、明るい雰囲気を作ってほしい」

「会社のために、コスト削減を推進してほしい」

会社や職場、チームの中での自分の役割をしっかり認識できれば、その役割に従って動けるようになりますよ。

ポイント

「これは自分の仕事ではないので」と言って、せっかく持っている実力を発揮しない子は、「やって損する」ことを嫌っています。実力にふさわしい役割を与えて、「やらないと損をする」状態を作ってあげましょう。

3

「ちゃんとやれ！」ではなく、具体的に伝える

言っても行動しないのは、具体的に何をすればいいか分からないから

「ちゃんとやれ！」と怒鳴るだけで、選手のモチベーションを下げる監督

サポート校の練習試合を観戦していた時のことです。

「いつも言ってるだろ！」

「ちゃんとやれ！」

攻守交代でベンチに戻ってきた選手達に、監督が怒鳴っている声が聞こえてきました。

劣勢になっているので、イライラが出たのでしょうか。

一応、選手も「はい！」と返事をします。

でも、何をしたらいいのかは、分からないのでしょう。なかなかプレーが変わりません。

それを見て、監督は「何度言ったら分かるんだ！」とさらに声を荒らげています。

これは、いけないパターンです。

試合の時に、ミスをあれこれ責めても、選手達のモチベーションが下がるだけ。こんなことを繰り返していても勝てるはずがありませんね。

結局、さらに試合展開は悪くなり、何もできないまま試合終了を迎えてしまいました。

人間は、具体的なイメージができなければ行動に移せない

そこで試合終了後、監督との試合後の振り返りの中で、試合中の言葉の使い方について話し合いを行いました。

「監督、試合中に檄を飛ばしていましたよね。その時、選手達の表情を見ていますか？」

私が質問すると、監督は顔をしかめながら答えてくれました。

「落ち込んでいますね……分かってはいるんですが、つい言っちゃうんですよ」

「檄を飛ばすこと自体は悪いとは思わないですよ」

私は笑いながら話しました。

「ただ、『ちゃんとやれ』と言うだけでは、選手達は何のことか分からないと思うんです」

私達の脳は、具体的、かつ鮮明で、ありありとしたイメージがインプットされた時に、初め

て実現に向かって全力で動き出すようになっています。

つまり、逆に言うと、具体的な行動がイメージできなかったら、行動に移せないわけですね。だから、監督がいくら「ちゃんとやれ」と言っても、選手達のプレーが変わらなかったのです。

何をすればいいか、チャンクダウンして伝えよう

では、どうすればいいのでしょうか?

私は監督に問いかけてみました。

「仮に私が監督に『選手達に、ちゃんと話してください』と言ったらどう言います?」

「『具体的にどうしたらいいですか?』と聞きたくなりますね」

「そう、それです!」

監督が気づいてくれたところで、私は、コーチングで使う「チャンクダウン」というスキルをお伝えしました。

これは、「話の内容を具体的に掘り下げて細分化していく」というスキルのことです。

例えば、何か目標が達成できなかった時に、「うまくできなかったな」で話を終わらせたら、どうすればうまくできるのか、分からないですよね。

そこで、「具体的に、何がうまくできなかったのか」を掘り下げて考えます。

すると、細かい原因がはっきりしてきて、何を改善していけば良いかも自然と見えてくるのです。

ちなみに、「チャンク」とは「塊」という意味、「チャンクダウン」とは「塊をほぐす」という意味ですよ。

できるだけ数値化すると具体性が増す

このチャンクダウンを意識してもらったところ、練習試合の2試合目には、監督は具体的な指示を出せるようになりました。

「キャッチャーのお前が指示を出せ」

「エラーした選手が、その場ですぐに声を出せ」

選手達も、やることが分かると具体的な行動に出ることができます。

その結果、プレーはみるみる改善されていき、2試合目は無事勝利することができました。

他にも、チャンクダウンというスキルは、様々な場面で使えるものです。

例えば、会社でも「顧客満足度の向上をはかろう!」「良い会社を作ろう!」といったスローガンをよく見かけますが、このような抽象的なスローガンをいくら掲げても、たいして社員の行動は変わらないですよね。

ところがこれを「○○を実践して顧客満足度を△△にしよう!」「○○を増やして社員満足度を△△にしよう」と具体的な表現にすると、すぐに成果が現れてきます。

仕事の場合はできるだけ数値化することで具体性が増しますので、部下に指示を出す際には工夫してみてくださいね。

ポイント

「ちゃんとやれ」と言ってもちゃんと行動できないのは、脳に具体的なイメージがインプットされていないから。やるべき行動をなるべく細かくチャンクダウンして、具体的な指示を出してあげましょう。

4

「言われる前にやれ！」と叱るより、「誰かがやらなければならないことは？」と合図を出す

自主的に動けない子は、やるべき行動は分かっていても「誰かがやるだろう」と思っている

言われたことしかしない選手が多いチーム

サポート校の練習試合に顔を出した時のことです。

監督から「言われたことしかしない選手が多いんですけど、どうしたらいいでしょうか？」

という相談がありました。

「練習も試合のときもそうなのですが、指示したことはもちろんやるんですけど『なんでそこで終わるんだ』ということが多いんですよ。指示したことだけではなく、その先のことも自主的に行動できるようになってほしいんですが……」

なるほど、よく聞く悩みですね。

やるべきことは分かっているはずなのに、言われるまでやらない。

この状態を放置しておくのは問題です。「言われてから行動する」ということが続くと、脳が「これでいいんだ」と学習してしまいます。

試合では何が起こるか分かりませんから、すべてのことにいちいち監督が指示を飛ばすのは不可能です。とっさの時に選手が自主的に動けなければ、勝てる試合も勝てなくなってしまうでしょう。

ですから選手達には普段の練習から、やれと言われてからやるのでなく、もっと自主的に、人に言われる前に率先して自ら行動する習慣をつけてもらわねばなりません。

普段からそういうクセをつけておかないと、いざ試合となった時にも、とっさに身体が動かないからです。

「誰かがやらなければならないことは、自分がやる」を習慣づけよう

とはいえ、単純に「言われる前にやれ」といくら言っても、それだけではなかなか行動は変わらないものです。

なぜなら、自主的に動けない子というのは、「やることは分かってはいるが、誰かがやるだ

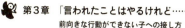

ろう」と思っているからです。

これを「誰かがやらなければならないことは、自分がやる」という考え方に変えないと、自主的に動けるようにはなりません。

その上で、その考えを頭で理解しても、それでいきなり身体が動くようにはなりませんから、自主的な行動が習慣になるまでは「合図」を出すようにします。

具体的には、メンタル講習で「言われる前に自分からやる」ことの重要性を説明した上で、選手達に次のように提案しました。

「『誰かがやらなければならないことは、自分がやる』という考えを習慣づけるために、しばらくは監督やコーチから合図を出してもらうことにしましょう。次の行動が遅いなと感じたら、監督やコーチが『誰かがやらなければならないことは?』と言います。そうしたら気づいた人が『はい!』と手を挙げて動く。これをやってみよう」

選手達は苦笑いを浮かべながらも「おもしろそう」といった雰囲気でした。

いい反応です。

こういうのはゲーム感覚で楽しんでやってもらうのが一番なのです。

なぜなら、脳がポジティブに反応することの方が、習慣化しやすいからです。

続けていれば、合図がなくても動けるようになる

実際、この方法はうまく効果を発揮してくれたようです。

後日、講習にうかがった時に監督に聞いてみると、徐々に「誰かがやらなければならないことは？」と言わなくても動く選手が出てきたと喜んでました。

また、練習試合などでも、例えば右中間にボールが飛んだ時、ライトとセンターがお互いに「相手が取るだろう」と考えてヒットにしてしまう、といった凡ミスが減ったとのこと。これも選手が自主的に動けるようになってきた証ですね。

職場においても、「部下が自主的に動かない」と悩む上司の方は多いと思いますが、その場合はまったく同じ方法が使えます。

あるいは、朝礼等で「これは自分がやる」ということを確認させる、という方法でも良いでしょう。

例えば、「お客様のお出迎え」と言ったら「はい」と言って担当の人が手を挙げる。「トイレ

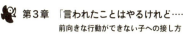

掃除」と言ったら担当の人が「はい」と言って手を挙げる、といった具合です。
これを実践しているだけでも、だんだんと、言われる前に自主的に行動ができるようになっていきますよ。

ポイント

言われないと動けない子は、やるべき行動は分かっていても「誰かがやるだろう」と思っています。合図を出して「誰かがやらなければならないことは、自分がやる」ということを習慣づけてあげましょう。続けているうちに、合図が不要になっていきます。

5

「やるんだろ！」と決断を迫るのではなく、待ってあげる

決断に時間がかかっても、自分で決めさせなければ行動には結びつかない

厳しいトレーニングをやると決断できない選手達

サポート校での講習の中で、今年の目標を「全国大会に出場する」と決めたチームがありました。

いい目標ですね。

ただ、出場すると目標を決めたからと言って、それで自動的に全国大会に出場できるわけではありません。

当然ですが、全国大会に出場するために、やるべきことがあるわけです。

技術レベルの向上のための練習、身体作りのためのトレーニング、そしてメンタルトレーニングも必要です。

そこで、講習でそれらのやるべきことについて、それぞれ話をした後に、「全国大会に出場するためには、今話したことをすべて実践してもらいます。どう？　やりますか？」と選手達に決断を促してみました。

すると、選手達の表情に動揺の色が見えました。明らかに、返答に困っています。

ここで、監督が割って入ってしまいました。

「お前らやる気あるのか！　本気で全国大会にいこうなんて思ってないだろ！」

怒号が教室中に響き渡ります。

選手達も萎縮してしまって、場の空気は最悪です。

この後、「やるんだろ？」と監督が誘導して、仮に、ここで選手達が「はい」と答えたとしましょう。

この時、心の中では「無理だと思うよ」と言ってるわけです。

こんな対話をしていては、行動に繋がりません。

「聞く」スキルの中には、「待つ」ことが入っている

コーチングでは、スキルの中でも「聞く」というスキルが最重要視されます。

そして、この「聞く」スキルの中には、実は「待つ」ことが入っています。

問いかけたら、相手から何らかの答えが言葉で返ってくるまで、必ず待ちます。すぐに答えが返ってこなかったとしても、そこで「どっちなんだ。早く決めろ!」などと返事を促してはいけません。

そうやって待つことで、相手に考えをまとめる時間を与え、相手の本音の言葉を引き出すのです。

今回のように、「やるのかやらないのか」という決断を促す場合も、黙ってしまうというのは、別に「やりたくない」というわけではありません。どう決断するかを考えているわけです。

ですから、信じて待つ姿勢が必要です。

私は、空気を変えるために「監督がみんなの代わりに答えてくれましたが、できればみんなの口から聞きたい。やるのかやらないのかはみんなが決めればいい」と前置きをして、再

度質問しました。

「やってみるか?」

再び、教室が静まり返りました。

静寂の中、それでも、ただ選手達の言葉をひたすら待ちます。

すると、選手達同士で何やらひそひそと話し始め、ついにキャプテンが「やります!」と力強く返してくれました。

全国大会出場に向けてスイッチが入った瞬間です。

自分で決断させることが重要

その後、このチームは練習に対する姿勢も変わり、グングンと実力を伸ばしていきました。

これは、自分達で「やる」と決断したからです。誰かに迫られて「やる」と決断させられたのであれば、どうしても「本当はやるかどうか迷っていた」という気持ちが残り続け、ここまで頑張ることはできなかったでしょう。

職場においても、部下の育成を考えるならば「待つ」姿勢は大切です。

仕事の依頼であれば、とにかく返答は「はい」だろ、という職場もあるかもしれません。それでも、部下の育成のためには、決断を自分でさせること。そのために「待つ」姿勢を持つことを強くお勧めします。

ポイント

「やるんだろ」と強引に決断させてしまうと、本気の行動には結びつきません。決断に時間がかけっても、自分で決めさせましょう。そのために「待つ」姿勢が、指導者には求められます。

6

「夢を持て！」と言うより、制約条件を外して考えさせる

夢を持てないのは、今の自分の現実と照らし合わせてしまうから

誰一人、夢を持てない生徒達

私は、自分の子供が通う高校のＰＴＡ会長を３年間務めさせていただきましたので、その間に生徒達を対象に講話をする機会が何度かありました。

そんな講話の中で、生徒達に「自分には明確な夢があるという人は？」と質問したことがあります。

結果は、どうだったかと思いますか？

実は、挙手を促したのに、誰一人手を挙げませんでした。

もちろん、「皆の前で手を挙げるのは恥ずかしい」という気持ちも働いていたのでしょう。

しかし、高校生が誰一人として「夢があります」と言えない現状はショッキングでした。「本

当に？」と声が出てしまいました。

そこで何人かの生徒に話を振ってみると「夢が見つからない」と言うのです。

「夢と言うとちょっとハードルが高かったかもしれないね。じゃあ、『自分の将来は明るい希望がある』と思う人は？」

そう言って、再度、皆に挙手を促してみたのですが、それでも誰一人手を挙げません。

これは非常事態です。

これからの社会を担う高校生が、夢が見つからない、ましてや将来に希望を持てないなんて、どういうことになっているのでしょうか。

夢を持てないのは、夢に対して否定的な感情を持っているから

このまま将来に希望を持てないままだと、完全に自分の将来を諦めてしまう人間になってしまうかもしれません。

では、なぜ彼らは将来に希望を持てないのでしょうか？

私は、ちょっと切り口を変えて質問してみました。

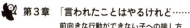

「夢に対してはどう感じている？」

そう言って、何人かに振ってみると、次のような答えが返ってきました。

「大きなもの、壮大な感じ」

「届きそうにないもの」

「夢がないといけない」

やっぱり、危惧した通りです。

夢に対して「大きくないといけない」「あってもどうせ叶わない」「ないのはダメ」といった、ネガティブな思いがあるんですね。

夢に対して否定的な感情になってしまっているわけですから、夢を描くことを諦めてしまうのも当然と言えます。

こんな状態で「夢を持て」と言われても、実際に夢を描くことなど無理でしょう。

夢を考える時は、制約条件を外して、ワクワク感にフォーカスしよう

なぜこのような否定的な状態になるかと言うと、今の自分の現実と照らし合わせて、様々

な制約条件を考えてしまうからです。

そんな時は制約条件を外して考えてみてもらいます。つまり、今の自分の実力を無視して考えてもらうのです。

そこで私は、次のように問いかけてみました。

「じゃあ、できるかどうかはおいといて『あんなふうになってみたい』『こんなふうになってみたい』と思うことを考えてみて」

そして、しばらく時間をおいた後に、さらに言いました。

「それでは、隣近所の人と今考えたことを話してみてください」

すると、「ええ〜っ」という声があちこちから聞こえてきました。確かに、夢を誰かに語るって、最初はちょっと恥ずかしいですよね（笑）。

それでも構わず「はい、思い切って話してみよう！」と促すと、生徒達は一斉に話し出します。

すると、どうでしょう。

一気に場の空気が変わり、笑い声が溢れる場になったのです。

しばらく放っておいたのですが、いつまでも話がやまない感じだったので、いったん静止を求めて、何人かの生徒に質問してみました。

「どう？ 自分の夢を語ったらどんな気持ちになった？」

すると、こんな答えが返ってきました。

「楽しかった」

「ワクワクしてきた」

「なんかできそうな気がした」

実は、この感覚が大切なのです。

脳がワクワクすると、感情が肯定的になります。そして、感情が肯定的になることで、前向きに物事に取り組めるようになります。その結果、今の自分では考えられなかったような成果を出すことが可能になってくるのです。

夢というのは、そのスタート地点です。

ですから、夢を考える時には、現実はとりあえず横においておいて、ワクワクできるかどうかのみにフォーカスすることが大切なのですね。

まずは自分が夢を持とう

おかげさまで、ＰＴＡ会長を務めた3年間、この高校では、生徒達が様々な成果を上げてくれました。部活はもちろん、高校生を対象とした各種コンテストでも上位を占める成績を修めています。

これも、生徒達が夢を取り戻してくれたおかげでしょう。

そして、夢の力を知っている彼らは、学校を卒業した後も、きっと社会で活躍してくれることと思います。

最近は、新社会人に向けて研修をさせていただく機会も増えました。

私は「3年間は会社をやめないようになります」というフレーズで新入社員研修をさせていただいておりますが、そこでもやはり、まずは「夢の取扱説明書」を解説し、自分の夢を描くことからスタートしています。

自分の夢や目標と会社の理念やビジョンとの整合性が取れれば、会社への貢献意欲も変わります。会社の将来に夢と希望を持つ社員が増えれば、おのずと会社の業績は良くなっていきますね。

だから、夢を描くことからスタートするわけです。

そして、上司の方々にも、夢を語れるようになってください、とお願いしています。

なぜなら、先の例のように、夢が持てない子供がなぜできてしまうのかと言うと、大人が夢を語り、夢に向かって歩んでいる姿を見せていないからです。

子供は、親の言う通りにはならず、やっている通りになります。

部下は、上司の語る言葉ではなく、やっている行動を見ています。

人を指導する立場にいるのであれば、将来は夢と希望が溢れているということを伝えていきたいですね。

ポイント

夢が持てないのは、様々な制約条件を考えてしまうからです。制約条件を外して、ワクワク感のみにフォーカスして夢を語ってもらいましょう。そしてあなた自身も、夢を語りましょう。

7
「自分で考えろ！」と叱るのではなく、問いかけてあげる

脳には、問いかけられると答えを探してしまう性質がある

自分では何をすればいいか考えられないキャプテン

サポート校で、メンタル講習の前の練習試合を観戦していた時のことです。

試合には勝ったのですが、どうも監督の機嫌が悪い様子。

「どうしたらいいかと聞く前に、自分で考えてみろ！」

選手に一喝していました。

言われたキャプテンの方はと言うと、どうしたらいいのか分からないといった表情で困っています。

「どうした？　何があったんだ？」

キャプテンに聞いてみると、困惑した状態で答えてくれました。

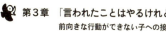

「次に何をしたらいいかを監督に聞いたんですけど、自分で考えろと言われました」

「そうか、監督も今は余裕がなかったんだろう。それで？　何をすればいいか分かったか？」

「今すぐは分かりません」

そこで私は、監督の方に歩み寄り、話しかけました。

「さっきキャプテンと話していたんですが、結局何をすればいいのか分からないみたいですよ」

すると、私が言い終わらないうちに、監督は困った表情で話してきました。

「あいつは本当に分かってないんですよ。『次は何をするかを考えて動け』といつも言っているんですが、自分で考えて主体的に動けないんですよ」

考えてもらうためには、問いかけること

主体的というのは、様々な状況の中でも自分で考えて判断し、行動できるということです。

スポーツに限らず、状況が刻一刻と変わる現在社会においては、重要視されている能力です

よね。

では、主体的に動けるようにするためには、どうすればいいのでしょうか？

私は、監督に質問してみました。

「やっぱり『考えろ』と言っても、なかなか考えるようにはなりませんよね。考えるためにはどうしたらいいでしょうか？」

「考えるためには……何でしょう」

「監督は何があったら考えられますか？」

「飯山さんのような問いかけですかね」

さすが監督！

ご自分で答えを見つけました。

そうなのです。考えてもらうためには問いかけることです。

私達の脳は、問いかけられると、答えを考えてしまうという性質があります。この脳の機能を利用すればいいのです。

特に、主体性を養うためには「何のために」という目的を考えさせる問いかけが重要となります。

なぜなら、主体的な人は、何かをする時にまず「何のためにやるのか」と目的を明確にした上で、それを満たすために何をするかを考え、自ら行動を起こすからです。

私がそうアドバイスすると、監督の顔がパッと明るくなりました。

「問いかけですよね……やっぱり。ちょっと頑張ってみます！」

そう言って、もう一度キャプテンを呼び、話をしていました。

どのような問いかけをするかが決め手になる

結局、話がうまくいったのでしょう。

キャプテンは、今度は笑顔で走っていきました。

後日、監督に話を聞いたところ、キャプテンに指示を求められてもなるべく問いかけで返すことを繰り返していたら、キャプテンもどんどん自分で考え行動するようになり、監督の指示を求めることも少なくなったとのことでした。

職場でも、主体性が足りないと思う部下は、たくさんいるでしょう。

そのような部下には、指示を出す前に、問いかけをして考えさせてみましょう。
その際、どのような問いかけをするかが決め手になりますから、会議やミーティングの際には問いかけ方を意識してみてください。

「今日の予定は?」と問いかければ、「○○と△△です」と答えてきます。

では、「今日を最高の一日にするには?」と問いかけたら、どんな回答が得られるでしょうか?

「今日の仕事は何のためにやるのか?」と問いかけたら、何という回答になるでしょうか?
どんな時でも目的を明確にして行動できるようにサポートしてあげると、常に目的を意識できるようになっていきますよ。

ポイント

脳には、問いかけられると答えを探してしまう性質があります。主体的に動けない子には、「何のために」という目的を考えさせる問いかけをしてみましょう。目的が明確になれば、そのために何をすべきかも考えられ、自ら行動を起こすようになります。

いまどきの子を
「本気」に変える
メンタルトレーニング

第４章

「言うことだけは立派だけど……」

悪習慣が身についている子への接し方

1

「行動しろ」と迫るのではなく、「いつまでに」と期限を設ける

夢ばかり語って行動しないのは、「まだまだ先のこと」と思っているから

夢は大きいのに、何も行動していない大学生

非常勤講師を務めている大学で講義をした時のことです。

私がどうやって夢を実現してきたか、誰の夢のサポートしてきたかという話をし、その後、大学生からの質問に答えていました。

すると、一人の学生が手を挙げて、質問というより、自分の夢の話をし始めたのです。

「そうなんだ」「そんなこと考えてるんだすごいね」などと相槌をしながら話を聞いていると、どんどん調子が上がってきます（笑）。

それは、日本を、そして世界を変えたいという素晴らしい夢でした。

しかし、なぜか心に響かないのです。

その原因は明らかでした。

彼の話の話の中から、「夢の実現のために、このような目標を立てて、今こんなことに取り組んでいます」という話が一向に聞こえてこないのです。

夢を持つのは大切なことです。

しかし、どんなに素晴らしい夢を語っていても、その夢を叶えるための具体的な行動をしていなければ、夢が実現することはないでしょう。

それでは、意味がありません。行動を伴ってこそ、本当の夢ではないでしょうか。

行動しないのは「期限が設けられていないから」

では、なぜ彼は立派な夢を持っているのに、行動しないのでしょうか?

その原因は、ずばり「期限が設けられていないから」です。

夢と言うと、例えば10年以上先のことをイメージすることが多いでしょう。そのため、どうしても「まだまだ先のこと」という感覚になって、今すぐに行動を起こさなければ、という気持ちになりにくいのです。

そのような場合、10年先の夢の実現のために、まずは3年後に自分がどうなっていればいいかを考えてみるのが効果的です。

10年先の自分を思い描くことは難しくても、3年後であれば現実的なこととして思い描くことが可能になりますよね。

私は彼に質問をしました。

「素晴らしい夢を持っているね。その夢が実現できたらいいよね。そのために、まずは3年後はどうなっていたらいいと思う?」

「まずは、自分が事業を立ち上げて、その事業を軌道に乗せることでしょうか。やっぱり自分が成功していないと、周りに良い影響を与えられないと思いますので」

「なるほど、いい心がけだと思うよ。それじゃあ、まずは『事業を立ち上げて』、それから『軌道に乗せる』ということになるけど、いつ頃事業が立ち上がっていればいいかな?」

「え〜と、事業の立ち上げが3年後ですね。その後、軌道に乗せます」

「ということは24歳で事業を立ち上げるということだね。どう? 3年後、24歳で事業を立ち上げている自分をイメージできる?」

「……今は具体的にイメージできませんが、一応『こんなことをやりたい』という思いがありますので、３年後に事業を立ち上げてやろうという気持ちになりました。ありがとうございました！」

どうやら、気持ちに火がついたようです。

期限があれば、行動に移せる

後日、また彼と話すと、さっそく会社の作り方を調べるため、書店にいって何冊か本を買ったそうです。まだまだこれからではありますが、まずは無事にスタートラインを切ったと言えるでしょう。

このように、行動を促すには「期限を設ける」ことが大事です。人は「いつまでにどうなるのか」が明確にならないと、行動に移せないものなのです。

この本の執筆も「いつまでに」という期限があるからこそ、書き上げることができました（笑）。

仕事でも、期限のないものが蔓延していることがあります。

期限が設けられていないものは、つい後回しになってしまいがち。

だから、すべての仕事には期限を設ける必要があります。

「この仕事は○日に完了する」

「この作業は今日中に終える」

「この会議は2時間とするので○時に終了する」

こんな具合に期限を設けてしまうと、効率が上がります。

同じように、報告、連絡、相談にも期限が必要です。

「いつまでに報告するのか」「いつ連絡するのか」「相談したことはいつやるのか」といったように、期限を設けて取り組むと、仕事も効率的になりますね。

ポイント

夢ばかり語って行動しないのは、「まだまだ先のこと」と思っているから。そのため、単に「行動しろ」というだけでは、あまり効果がありません。具体的にイメージできる範囲で期限を設けることで、気持ちに火をつけてあげましょう。

2

「真剣になれ！」と叱るのではなく、最悪のケースを想定させる

普段は明るく強気なのに、うまくいかないとすぐ投げ出すのは、プラス思考の勘違いが原因

「プラス思考」と「プラス思考勘違い人間」

私が指導しているメンタルトレーニングはＳＢＴ（スーパーブレイントレーニング）という、脳の仕組みと機能からアプローチする科学的なトレーニング方法です。

このＳＢＴでは、「プラス思考」というものを非常に重視しています。

これは、簡単に言うと「どんなピンチの時でもポジティブなイメージで行動できる」思考のことです。

ここでポイントになるのが「どんなピンチの時でも」ということなんですね。

ここを勘違いして、単に「明るく元気良く振る舞うこと」「強気の発言ばかりすること」をプラス思考だと思い込んでいる人がいます。

こういう人のことを、私は「プラス思考勘違い人間」と言っています。

昨年末から新たに野球部のサポートをさせていただいている私立高校があるのですが、このチームは当初、まさに「プラス思考勘違い人間」の集まりでした。

プラス思考の勘違いで試合になかなか勝てなかったチーム

最初にこの高校にうかがった時のことです。

監督や部長、コーチの話では、「うちの部員はそこそこ力がある選手がいるんですが、なかなか勝ち上がれない」ということでした。

よくよく話を聞いていると、試合でリードしている時は、ミスをした選手がいても暗い雰囲気にはならず、「いいよ、いいよ〜。全然大丈夫〜」とベンチは盛り上がっているとのこと。

これ自体は、決して悪いことではありません。

ミスがあったからと言って、すぐに悲観的なイメージにとらわれてしまうと、調子を崩してしまいます。こんな時に落ち込まず、ポジティブに対応できるのは、メンタル的にはいいことです。

ただし、問題なのは、その後です。

逆転されたりすると、とたんにやる気を失って、黙ってしまうのだそうです。

プレーも怠慢になってしまい、ミスも続いて負けてしまう。

そんな試合を何度もやっていると言うのです。

これはいけません。

リードしている時はポジティブでも、逆転されるとネガティブになってしまうというのでは、本当の意味でプラス思考ができていません。

まさに、「プラス思考勘違い人間」の典型です。

「何とか粘り強い、諦めないチームにしたいんですが、お願いできますか」

監督の熱意にお応えしてサポートさせていただくことになりました。

最強のプラス思考のためには、最悪の状況の想定が必要

チームを本当の「プラス思考」集団にするには、まず勘違いに気づいてもらわなければい

けません。

そこで、私は、最初のメンタル講習の中で、「プラス思考と言ったらどんな人を思い浮かべる？」と問いかけてみました。

「いつもポジティブな人」

「明るく元気のいい人」

「強気の発言ばかりの人」

様々な回答が挙がります。

「どれもなかなか的を射ている回答だね。でも、『最強のプラス思考』のためには、大切なことが抜けている。何だか分かるかな？」

私が問いかけると、皆黙って答えません。

「実は、常に最悪を考えることなんだよ」

答えを言うと、選手はもちろん、監督や部長までポカーンとした表情になりました。

「最強のプラス思考の人が、いつも最悪を考えているってどういうこと？」と頭の中で、はてなマークがいっぱいになっている様子です。

そこで私は、次のように説明しました。

先ほども説明したように、本当のプラス思考とは「どんなピンチの時でもポジティブなイメージで行動できる」思考のことです。

そのためには、まず、うまくいかないこと、障害など、最悪の状況を想定しておく必要があります。

そして、そうした最悪の状況に対して、どのようなメンタルで臨めばいいかを前もって決めておく。

そうすることで、実際に試合などでピンチが訪れた時にも、「ほ～ら、きたきた！」「大丈夫、決めていた通りの気持ちで行動すれば、乗り越えられる」とポジティブに対応していけるのです。

これが、最強のプラス思考です。

いくら強気な発言をしていても、それが「事前に最悪の状況をシミュレーションしてたから」ではなく、単に「ピンチから目をそらしているから」であれば、それは本当のプラス思考ではないのです。

プラス思考ができれば、テンションの高さが活きてくる

選手達も、私の説明に納得してくれたのでしょう。どんなマイナスの状況が起き得るか、考えて発表してもらうと、次々と回答が挙がりました。

「大事な場面でエラーしてしまう」

「チャンスで三振してしまう」

「先制や逆転される」

そこで、そのような状況の時に、ワクワクできたり、強気で立ち向かえるようなメンタル作りを確認しました。

その結果、そうして臨んだ春の県大会では、創部以来初となるベスト4に進出することができたのです。

おかげで、監督や選手達にも自信がついてきて、今もチームはどんどん成長し続けています。

職場でも、最初はテンションが高く、前向きに仕事に取り組もうとするのに、途中でうまくいかないことがあるとそこで諦めてしまう「プラス思考勘違い人間」を見かけることがあ

るでしょう。

そういう人は、成果が上がらなくても「大丈夫、大丈夫、次はきっとうまくいくよ」と無責任な発言を繰り返すので、つい「もっと真剣にやれ」と言いたくなるかもしれません。

でも、テンションが高いこと自体は、決して悪いことではないのです。叱って萎縮させてしまうのはもったいないでしょう。

その人の持ち前のテンションの高さを活かすためにも、まずは「最悪の状況は?」と考えさせて、そういった状況でもテンションを下げずに行動できるよう指導してみてください。

勘違いに気づき、本当のプラス思考に目覚めれば、その人はきっとグンと伸びていきますよ。

ポイント

ポジティブなのはいいことですが、それが「プラス思考の勘違い」によるものだと、困難に遭遇した時、すぐ投げ出してしまいます。事前に最悪の状況をシミュレーションさせて、どんな時でもポジティブさを保てる「本当のプラス思考」を作ってあげましょう。

3

「やったらこんなメリットがある」と説得するより、「やらなかったらどうなる？」と問いかける

返事は良いのに行動しない子は、やらなくても困らないと思っている

返事は良いのに、自分では行動しない残念な選手

サポート校の練習試合に顔を出した時に、ひときわ返事が良く、表情も姿勢もいい選手がいました。

ところが、なかなかいい選手なんだろうなと思って監督に聞いてみたら、想定外の答えが返ってたのです。

「あいつは返事はいいんですが、行動しないんですよ」

そのパターンでしたか。どこにでもいますよね、こういうタイプの人。

元気のいい返事をしているくせに、自分ではほとんど何もやらない。自分がやるべきことでも、人任せにしてしまう。

こういうタイプの人が一人いると、周りの人に不満が溜まって、チーム全体のモチベーションが下がってしまいます。

これは何とかしないといけません。

ただ、こういう子の場合は、ちょっと工夫が必要です。

普通、行動しない子を動かすには「やることのメリット」を考えさせます。「やれば、こんな良いことがある」ということをなるべく具体的にイメージさせて、脳にワクワク感を感じさせるんですね。そうすると、勝手に行動するようになります。

ところが、これで行動し出すのは、「それまでは、やることのメリットがはっきり分かっていなかった子」だけなのです。

「返事だけはいい子」の場合は、実は、そのメリットは分かっていることが多いのですね。やればいいのは分かっているから、元気に返事をするわけです。

ただ、メリットが分かっていても、そのメリットについて本当に肯定的に思えていないか、やらなくても困らない（現状維持だ）と思っている。だから、行動まで結びつかないわけです。

そういう子にいくら「やったらこんなメリットがあるぞ」とイメージさせても、「やればいいのは分かっているんだけど……」という反応しか返ってきません。そして、できない理由を考え始めたりするのです。

「恐怖の問いかけ」で本気を引き出そう

そんな場合に有効なのが、「やらなかったらどうなる？」という問いかけです。

これを私は「恐怖の問いかけ」と呼んでいます。

この時のメンタル講習では、まずは選手達に、目標の達成のためにやるべきことについて書き出してもらい、それから重要な事柄から優先順位をつけてもらいました。

その上で、「優先順位の1番から3番まで、それをやらないことでどうなってしまうだろう？」という問いかけをして、例の「返事だけは良い」3年生を指名して発表してもらいました。

「試合で結果を出せなくなる」

「チームのみんなに迷惑をかける」

その通りですね。

ただ、この「恐怖の問いかけ」は、どんなデメリット（悪いこと）があるのかに気づくことで、「こんな惨めなのはイヤだ。絶対にやってやる！」と強く思ってもらうのが目的です。感情のレバレッジの大きさが行動の大きな鍵になります。

そこで、私はさらにもう一段「恐怖の問いかけ」をしました。

「結果が出なくなり、チームにも迷惑ばかりかけるような選手になってしまったらどうなる？」

「応援してくれている家族に申し訳ない気持ちになります」

神妙な顔つきで答えてくれました。

「どうだ？　今の気持ちは？」

「絶対イヤですね。やります！」

どうやら、やっと本気になってくれたようです。

フォローアップも忘れずに

その後、この3年生は返事だけでなく本気で練習に取り組むようになり、チームの良いムードメーカーになってくれました。

そして、メキメキと実力を伸ばし、主力選手として活躍してくれたのです。

やればできる子だったのですね（笑）。

職場でも、以前のこの選手のように、返事はやたら良いのだけど、なかなか行動が伴わないというタイプの部下はいると思います。そんな「勘違い系」の人には、「それをやらないことでどうなってしまうのだろう？」と「恐怖の問いかけ」をしてみましょう。

例えば、報告、連絡、相談といった職場におけるコミュニケーションの基本を、何度注意してもおろそかにする子なら、こう問いかけます。

「報告をしないこと（遅れること）でどうなってしまうだろう？」

「連絡をしないこと（遅れること）でどうなってしまうだろう？」

「途中で報告を兼ねた相談をしないことでどうなってしまうだろう？」

そう問いかけて、出てきた回答に対して、さらに「そうなったらどうなってしまうのだろう?」と問いかけてみます。どんどん最悪のシナリオをイメージさせるわけです。

最終的に「こんなふうにはなりたくない！　絶対にやってやるぞ！」という気持ちが作れればOKです。

ただ、そこで気持ちが作れても、時間が経つと元に戻ってしまうこともあるので、その後も「やってみてどう?」「ちゃんとできているんだね」などと行動をフォローアップしてあげてくださいね。

ポイント

注意すると返事は良いのに、行動しない。そんな子は、やらなくても困らないと思っています。「やらなかったらどうなる?」と問いかけ、最悪のシナリオをイメージさせることで、本気を引き出しましょう。

4

「頑張れ」と励ますより、小さな一歩を促してあげる

考えてばかりで行動に移せない子は、アレもコレもと考え過ぎている

やる気はあるのに、新しいことをなかなか始められない浪人生

私は、主に高校の運動部や、企業の研修などでメンタルトレーニングをさせていいただいておりますが、稀に大学受験も、メンタルトレーニングでサポートさせていただくことがあります。

これは、そんな受験生のS君の事例です。

彼は残念ながら現役での合格を逃し、浪人生活を送っていました。

ところが、成績が伸び悩んでいるということで、私にメンタルトレーニングのお話が来たのです。

なぜ成績が伸び悩んでいるか、原因は分かっていました。

浪人生だと言うのに、昨年と同じやり方で勉強しているのです。

昨年のやり方では足りなかったから、浪人したのです。それなのに相変わらず同じように勉強していては、また浪人してしまいます。

本人もそれは分かっているようで、「このままの状態を続けているとどうなる？」と聞くと、「合格できないですね」とあっさりと答えます。

では合格できなくてもいいと思っているのかと言うと、そうでもありません。浪人生活については「親にも迷惑をかけてるし、やっぱりちょっと恥ずかしい」「今年こそは合格しなきゃまずい」と感じているようです。

それなのに「じゃあ、以前からやろうと言っていた〇〇はやってる？」と聞くと、「それが、どうやろうかといろいろと思案しているんですけど、なかなか考えがまとまらなくて……まだなんです」と歯切れの悪い答え。

今のままで良いと思っているわけでも、やる気がないわけではないのです。ただ、「今度こそ合格するためにはアレも必要、コレも必要……」とあれこれ考え過ぎてしまって、何から始めればいいか分からなくなってしまい、動き出せなくなっているんですね。

こういう場合、「とにかく頑張れよ」と言っても意味がありません。だって本人は「頑張って」あれこれ考えているのですから。

「最初の第一歩」を考えさせよう

やろうと思っていてもなかなか行動に移せないのは、そのことが大きな塊のように感じてしまい、あれこれ考えてしまうからです。

ですから、こういう場合は、相手が「これならできるかな」と思える小さな単位にまで行動を分解してみることをお勧めします。

この時に使える質問が「最初の第一歩は何にするか」「まず何から取り組むか」といったものです。

「とりあえず全部をやろうとするのではなくて、まずこれからやってみようと思うことは？」

この質問に自分の言葉で答えてもらいます。

ここで注意したいのが、上の立場から「ああしろ、こうしろ」と指示しないこと。なかなか行動しない相手を見ていると、いろいろ言いたくなるは気持ちも分かりますが、人から言われて喜んで行動する人はごく稀です。

私達は、人に言われてやらされることには意欲が出にくいものですが、自分の中から「やろう！」と思える行動は、自発的に行動する確率が高くなります。

だから、自分で考えて答えてもらうことが大切なのです。

これは仕事でも同じですよね。

目標に向けて取り組む際に、「今月の目標を達成できるように頑張っていきましょう！」という掛け声だけではうまく動きませんが、「今月の目標を達成するためには、まず何から取り組むか、最初の一歩は何にするか」を考えてもらうと、部下が勝手にどんどん動き出してくれます。

やることが決まったら、後押ししてあげよう

さて、具体的な第一歩が明確になったとして、そこで安心してはいけません。

誰しも、最初の一歩を踏み出すのは、大きなエネルギーと勇気が必要ですよね。

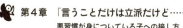

そこで、「第一歩を決めただけ」で終わらせないために、勇気づけて、自信を持たせ、相手の背中を軽く押してあげる必要があります。

例えば、「まず何から取り組む？」という問いに対して、相手が「○○する」と決めたら、次のように続けます。

「○○ができたらどう？」

「なんか、『できたじゃん』って感じ（笑）」

「いいじゃない。まずそれからやってみようよ」

「そうですね。はい、やってみます」

「次回のセッションの時に、どうだったか教えてね」

「はい、分かりました」

こんなふうに、行動を奨励し、「よし、やってみよう！」と背中を軽く押してあげると、実際に行動に移せる可能性が高まります。

結果に対するフォローも忘れずに

そしてもちろん、結果は後日きちんと確認しておきましょう。

行動ができている場合には、それについてきちんと認めてあげます。それによって、やる気が継続され、次の行動へ進むことができるようになります。

一方で行動していなければ、正直に報告してくれたことを認めた上で、「何が障害になったのか」をはっきりさせ、次の行動を引き出しましょう。

また、行動してもしなくても、また行動して成果が上がらなかった場合も含め、そのことを認めた上で、「今回の経験から、何を学べたと思う？」と、そのことで何を学んだか、気づいたかも引き出してあげるといいでしょう。

後は、これを繰り返していけば、いつの間にか「アレもコレも」できるようになっているはずです。

もちろんS君も、この方法で無事に志望校に合格することができましたよ。

ポイント

アレもコレもと考え過ぎている子は、なかなか行動に移せません。まずは「これだけならすぐにできるかも」と思える小さな行動を考えてもらい、第一歩を踏み出してもらいましょう。いったん動き出せば、行動はどんどん加速していきます。

5 「夜更かしするな」と叱るのではなく、朝やることを決める

悪習慣から抜け出せない子は、分かっていてもやめられない

スマホをいじって夜更かししてしまう選手達

高校野球のメンタル講習の際に、「自分のここを改善したい」と思うことを選手達に書かせてたことがあります。

その時、一番多かった回答が「夜更かし」でした。なんで夜更かしをするのかと聞くと、「スマホをいじっている」という答えが大多数でした。中には夜食を食べているという者もいましたが（笑）。

今はスマホも普及しており、中高生の中でもスマホを持っている人は多くなりました。特に高校生では、ほとんどがスマホを持っていて、LINEやFacebook、TwitterといったSNSサービスを利用しています。

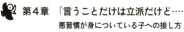

中高生の夜更かしの原因はたいてい、このスマホですね。

私の息子や娘を見ていても分かります。高校生の時は、家にいる時は四六時中スマホを触っていました。

現代病なのかもしれませんね。

分かっていてもやめられないのが問題

言うまでもないことですが、夜更かしはよくありません。睡眠時間が削られて、身体にも精神にも悪影響を与えます。

朝はギリギリまで寝ていて、自分では起きられない、朝食も食べない、授業中に眠ってしまう、といった生活をしていては、やるべきことができなくなってしまいますね。それでは、成績が上がったり、試合で活躍するといったことはないでしょう。

ただ、それが分かってはいても、実際には夜更かししてしまうという点が、この問題の難しいところです。

実際、「夜更かしをしていて、こんなことに影響が出ていると思うことは？」と選手達に問いかけてみると、「朝起きられない」「授業中に眠たくなる（寝ている）」「練習に集中できない」「身体がだるい」といった回答がありました。

選手達自身も分かってはいるのです。だから改善したいと思っているのですね。

ですから、ここで「夜更かしするな」と叱っても、意味がありません。本人達もそんなことは分かっていて、それでも夜更かししてしまうから困っているわけです。

夜更かしをやめさせるのではなく、早起きさせる

そこで、私は次のように提案しました。

「夜更かししないようにしようと言っても、たぶん誰もできないよね。だから、翌朝何をするかを考えてみよう。朝、今起きている時間よりも30分早く起きたとしたら、どんなことができると思う？」

皆、不思議そうな顔をして私を見ていましたが、何人かに発表してもらいます。

「ランニングができる」

「筋トレができる」

「犬の散歩ができる」

「（英語の）文法を覚えられる」

いいですね。

夜に早く寝る習慣が作れないのなら、朝にやることを決めて、その分早く起きる習慣を作ればいいわけです。朝早く起きれば、その分、夜も早く眠くなってくるはずです。

朝やることは「自分の夢や目標と繋がっていること」

ただし、ここで注意点があります。

それは、朝にやると決める行動が、自分の夢や目標と繋がっていないければならないということです。そうでないのに、ただ「やらなきゃいけない」という思いだけで始めると、結局はなし崩し的にやらなくなってしまいます。

そこで、私は、発表してくれた選手達に確認してみました。

「30分早く起きるだけで、こんなにできることがあるんだよね。もし、毎朝30分、今みんなが言ったことを実行していったらどうなると思う？」

すると、「全国大会にいける」「レベルが上がる」「技術が上がる」「成績が上がる」という回答がありました。

「今何人かの人に答えてもらいましたが、どうですか？　朝の30分を活かすかどうかで差が出てしまうことが分かりましたよね」

私がこう言って見渡すと、皆頷いています。

「では、これから自分が朝何時に起きて30分で何をするかを書いてください」

そう言って、皆にそれぞれ「朝やること」を書いてもらい、発表してもらって、その日のセッションは終了しました。

生活のリズムが整えば、仕事の成果も出やすくなる

後日、また講習にうかがった時に、先日決めた「朝やること」を実践している人に手を挙げてもらうと、実践できている人が何人も出てきました。

顧問の先生に聞くと、手を挙げた選手は、やはり練習や試合での姿勢が変わってきたということです。

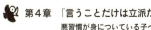

どうやら、無事、夜更かしをやめることができたようですね。早寝早起きの習慣ができたことで、生活のリズムが整い、体調が良くなり、集中力も増したのでしょう。

しかも、何かしら毎朝の良い習慣を身につけることまでできたのですから、良いことずくめですね。

会社でも、夜更かしするのが当たり前で、朝はギリギリまで寝て、朝食を食べずに会社に来て、午前中はボーッとしながら仕事をし、午後からは睡魔と闘いながら仕事をし、夕方になるともうひと踏ん張りの馬力が出なくなるという人は多いでしょう。

特に、社会人になったばかりの若者など、学生時代の習慣が抜けない子には、よくあるパターンですね。

もしあなたの周りにもそういう子がいたら、ぜひ「朝やることを決めて、その分早起きする」ことを薦めてみましょう。

もちろん、この際に決める「やること」は、その子自身が「やりたい」と思えることですよ。ですから、必ずしも仕事に関係しないことでも構いません。

昔なら「始業30分前に来て、仕事の準備をしろ」なんて指導するのが当たり前でしたが、今はそんなことを言うと「じゃあその30分の給料を払ってください」なんて言われてしまうので、ご注意を（笑）。

ポイント

夜更かしが悪いと分かっているのにやめられない子に、「夜更かしをやめろ」と言っても無意味です。やることを決めて、その分、朝早く起きる習慣をつけさせてあげれば、自然と夜も早く眠るようになります。

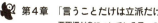

6

「お菓子ばかり食べるな」と叱るのではなく、食べた後の態度を変えさせる

マイナスの態度を演じれば、脳はマイナスの反応と受け取り、やりたくなくなる

下校時に買い食いして、家でご飯を食べない選手達

サポート校でのメンタル講習の中で、習慣についての講義を行った時のことです。

「やらない方がいいと思っているのに、ついやってしまうこと」について発表してもらったところ、その中で意外と多かったのが、「帰りにコンビニに寄ってアイスやお菓子を買って食べる」というものでした。

高校生が下校時にコンビニで買い食いする光景、確かによく見かけますよね。

何もお菓子を食べることがいけないとは言いません。

ただ、気になることがあります。

「じゃあ、お菓子を食べて家に帰りました。ご飯も出されたものはすべて食べているという

人は？」

私がそう確かめると、手を挙げたのは、何と、お菓子を食べて帰る人のうち数パーセントしかいませんでした。

思わず「マジかお前ら」と声が漏れました。

これは、いただけません。身体作りが大事な時期に、お菓子ばかり食べていては、きちんと身体が作れないでしょう。

それに第一、ご飯を作ってくれるお母さんにも失礼です。

「帰り道でお菓子を食べてお腹を満たして、お母さんが君らのために作ったご飯を食べないなんて。お母さんはどう思う？」

私がそう言うと、皆シーンとなってしまいました。

習慣になってしまえば、いくら「コンビニに寄るな」と言っても無駄

「だから身体ができないんだよ」と言って、何人かに「このままでいい？」と聞くと、皆「ダメです」と答えます。

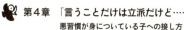

どうやら、頭では「いけない」と分かってはいても、習慣になってしまって、やめられない状態になっているようです。

試しに、選手達に質問してみました。

『これからは帰りにコンビニに寄ってはいけません』と言って、できる自信がある人は？」

挙手を促しましたが、やっぱり誰も手を挙げません。

そうとう強固な習慣になっているようです。

こうなると、もういくら口で「コンビニに寄るな」と言っても無駄でしょう。

むしろ、「コンビニに寄ってはいけない」と言われているにも関わらず、誘惑に負けて寄ってしまったとなると、「自分は意志の弱いヤツだ」と後悔の念が出てきたりして、メンタル面に悪影響を及ぼしかねません。

とはいえ、もちろん、このまま放置することもできませんよね。

身体作りのためには、やはりコンビニでお菓子を食べないで、家でご飯をしっかり食べるよう、習慣を変えてもらわなければなりません。

行動を変えれば、脳の反応も変わる

そこで私は、選手達に言いました。

「分かりました。じゃあ、コンビニに寄ってもいいです」

意外な言葉だったのでしょう。選手達は不思議そうな顔をして見つめてきます。

私は言葉を続けます。

「ただし、お菓子を食べた後が大事です。『また身体が砂糖漬けになった』『身体が油まみれになった』『ブヨブヨになってしまう』と冴えない表情で言ってください」

教室が一気にざわめき出しました。

「よくない習慣を変えるために、どうしても必要なことです。これをやっているうちに帰りにお菓子を食べたいという気持ちにならなくなりますよ」

そう言うと、皆「本当かな」という表情をしています。

確かに、いきなりこんなことを言われても、信じられないかもしれませんね。

でも、きちんと理由があるのです。

私達の脳は、思っていることではなく、言葉にしていること、表情や態度に表していることと、行動していることを信用してしまうという法則があります。

つまり、現状では、「いけない」と思いつつも、毎回コンビニに寄ってお菓子を食べるという行動をし、食べている時に笑顔になったり、「やっぱりこれだね」などとプラスの言葉を使っているから、脳がじゃんじゃんプラスの反応をしてしまっているわけです。

脳はプラスの反応をしていることは何度も繰り返したくなっていきますから、これでは習慣を変えることはできません。

そこで、逆に、お菓子を食べている時には笑顔を作らず、食べ終わった後に、先ほど挙げたような言葉を使って脳をマイナス反応にしてしまうのです。

すると、脳はマイナスの反応をしていることにはやりたくないと思ってしまうので、これを繰り返せば、自然とお菓子を食べたくなくなってきます。

人間の脳は、意外と単純

実際、後日のメンタル講習の振り返りの時間で選手達に確認したところ、見事に帰りのお菓子断ちができたという報告がありました。

不思議なようですが、人間の脳は、意外と単純なところがあるんですね。

この脳の仕組みを使えば、どんな悪習慣も変えることができます。

例えば職場でも、営業マンなのに、お客様対応に対して「イヤだな」とマイナス反応になっていたり、そもそも営業という仕事に対して「本当はやりたくない」などとマイナスの反応を繰り返している人はいないでしょうか？

そういう人には、お客様と会う時に「この瞬間が最高だ」「本当に○○さんっていい人だよね」などと笑顔で言葉にするよう指導してみましょう。

もちろん、最初は「演技」でいいのです。それでも、繰り返しているうちに、このことが本音になってしまいます。

営業の仕事であれば、やはり、お客様に対して自動的にプラスの反応を繰り返す人が優秀な営業マンになります。

ぜひ、試してみてくださいね。

ポイント

プラスの態度を演じれば、脳はプラスの反応と受け取り、習慣化されます。マイナスの態度を演じれば、脳はマイナスの反応と受け取り、やりたくなくなります。習慣を変えるには、この脳の性質を利用しましょう。

7 「落ち着け」と言うのではなく、落ち着く動作を見つける

キレやすい子でも、脳の性質を利用すれば、イライラをコントロールできる

いったん崩れ出すと、そのまま投げやりになってしまうエース

サポート校のエースで、俗に言う「キレやすい」タイプの投手がいました。

調子が良いと思う時は、リズム良く投げ込み、良いピッチングをするのですが、いったん崩れ出すと、そのまま投げやりになってしまうのです。

そこで、練習試合が終わった後にエースを呼び止め、話をしました。

「どうだ？　今回投げてみてどうだった？」

「最悪です。なんか……ファーボールを出したり、打たれたり、エラーがあったりしたらイラッときてしまって……その後は力んで投げて、あんな感じです」

「まぁ、そういう時もあるよな。ただ、お前はエースなんだから、このままでいいとは思っ

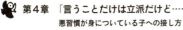

ていないよな？」

「はい、もちろんです」

エースの気持ちが切れてしまうと、キャッチャーを始め、守っている野手もモチベーションが下がってしまい、エラーなどのミスを生じやすくなります。

この選手も、エースがキレたらいけない、チーム全体に影響がある、ということは重々承知しているんですね。

ただ、それが分かっていても、自分でコントロールできない。

こんな場合は、誰かから「落ち着いてプレーしろ」と言われても意味がないですよね。「落ち着いて」と言われて落ち着けるなら、最初からそうしているはずです。

動作は「心を落ち着かせるスイッチ」になる

そこで私は、彼に言いました。

「よし、じゃあイラッとなった時に、心を落ち着かせるスイッチを作っておこう」

スイッチというのは、具体的には何らかの言葉や行動のことです。

私達の脳は、使っている言葉や態度、表情などの行動に影響を受けています。

この脳の仕組みを活用すれば、言葉や動作を使って心を整えることができるのです。

「それ、いいです！　教えてください！」

エースが食いついてきました。

今回は「落ち着きたい」わけなので、落ち着くイメージに近い動作やしぐさを考えてみます。

「まず、自分の中で、落ち着きそうな表情とかしぐさはある？」

「深呼吸をする、プレートを外して一呼吸入れる、帽子をかぶり直す、胸に手を当てる……こんなところでしょうか。後は、汗を拭く、ポケットに手を入れる、屈伸をする……とかですかね」

「なるほど、けっこうあるね」

候補が出そろったら、その中から一つを選んでもらいます。

「今話した中で、一番気持ちが落ち着くなと思うものは？」

「そうですね……」

「汗を拭くなんていうのは、まさに夏の甲子園で全国制覇した早稲田実業の斎藤投手みたいでいいんじゃない？（笑）」

「イヤ、それはちょっと（笑）。僕の場合は、帽子をかぶり直すことでしょうか。なんとなくですが……」

「いいね、それ。できれば帽子をかぶり直す時に『いい感じだ』などとプラスの言葉をつぶやいてみようか」

「いいですね。やってみます！」

これで、スイッチとなる動作が決まりました。

スイッチを活用して、意識的に気持ちを切り替えよう

スイッチとなる動作が決まった後は、実際にその動作を試してもらいます。

この選手の場合は、いきなり実戦で使う前に、普段の生活の中でもイラッとした時に使ってもらい、ちゃんと心が落ち着くかどうかを確認してもらいました。

それで効果を実感できたのでしょう。

その後、このエースは、試合中にキレることが少なくなり、安定感のあるしっかりとしたチームの大黒柱に成長してくれました。

このような「イライラを解消できるスイッチ」は、もちろん、スポーツ選手でなくても活用できます。

職場でも、すぐにイラッとしている社員がいませんか？

そういう社員を見て、イラッときている人もいると思いますが（笑）、そのまま放っておくと、仕事でミスをしやすい状態になってしまいますね。

そういう場合は、「イライラしているな、落ち着けよ」と声をかけるより、落ち着くイメージの動作をさせて、気持ちを切り替えてあげるといいでしょう。

例えば、笑顔で「コーヒータイムにしようか」と誘ってみる。喫煙する人は「タバコを吸ってこよう」と誘ってみるだけでもいいですね。

普段から私達は何気ない行動で、無意識に気持ちを切り替えようとしています。

これを意識的に行えるようになると、気持ちの切り替えもスムーズにできて、仕事の効率も上がるかもしれませんよ。

ポイント

私達の脳は、行動の影響を受けるため、スイッチとなる動作を使えば、心を整えることができます。イラッとしやすい子には、心を落ち着かせるスイッチを見つけてあげましょう。それだけで、キレにくくなります。

第5章

「どうしてすぐに投げ出すの？」

何をやっても諦めやすい子への接し方

1

「やる気が感じられない」と嘆くより、「何のために」を明確にしてあげる

モチベーションが下がっている子は、途中で満足してしまったり、諦めてしまっている

途中でやる気のエネルギー切れを起こしてしまった主力選手

高校球児が皆甲子園を目指しているかと言えば、基本的には「そうだ」ということになるでしょう。

でも、練習態度や練習試合に取り組む姿勢を見ていて、「そうは思えない」と感じることもあります。

サポート校の主力選手のD君も、そんな一人でした。

「どうだ？　調子は」と声をかけると、「はい、絶好調です！」と笑顔で答えてはくれますが、答えた後の表情がいけません。

ふっと表情が曇るのです。

もちろん行動もピリッとしません。

「あらら、これはどうしたものか」と内心思っていました。

すると監督も同じように感じていたようで、困り顔で話してくれました。

「ちょっとモチベーションが下がってきているんです。『やる気が感じられない』と言ってはいるんですが……どうしたらいいですかね?」

甲子園のような高い目標に向かって進んでいると、どうしてもこういったケースは出てきます。

途中で「ここまでやれば十分だ」と満足してしまったり、「これ以上はできるとは思えない」と諦めてしまって、成長意欲が薄れてしまう子が出てくるのです。

D君も、このパターンでしょう。

車で例えるなら、目的地につく前に、ガス欠を起こしてしまった状態ですね。

「何のために」という目的が、人間にとってガソリンになる

ガス欠を起こしてしまったなら、当然、前に進むためにガソリンを充填しなければなりま

せん。

では、人間にとってガソリンとは何でしょうか？

それは、「何のために」という目的です。

そして、目的を問う質問が「なぜ〜なのか？」という問いかけです。

私達の脳は、すべての問いかけに答えを出そうとします。「なぜ〜なのか？」と問いかけると、「ならば〜だからです」という答えを出してきます。

この答えがエネルギー、つまりモチベーションになるわけです。

そこで、今回のメンタル講習では、「なぜ甲子園を目指すの？」という質問から入ることにしました。

「はい、じゃあ当ててくよ」と言って何人か指名していくと、次のような答えが返ってきます。

「甲子園にいきたいから」

「一番になりたいから」

「高校野球の目標は甲子園だから」

悪い答えではありません。でも、「甲子園にいきたいから、目指す」というのでは、これまでと変わりませんから、D君のやる気は復活しないでしょう。ここはもう少し深掘りして、もっと具体的な目的を見つけたいところです。

そこで今度は、ちょっと違う角度から質問してみました。

「じゃあ、甲子園にいったらどうなるの？」

今度は皆シーンとしてしまいましたが、「どう思う？」と何人か指名していくと、次のような答えが返ってきました。

「新聞やテレビに取り上げられる」

「地域がクローズアップされる」

「学校関係や周りの人が喜ぶ」

「地域の人たちが喜んでくれる」

いい答えです。これなら具体的なイメージが湧きますから、そこに向けて新たなエネルギーも湧いてきそうですね。

「そうだよね。どうだ？　君達が甲子園で活躍すると、多くの人を喜ばせることができるんだよ」

そう言って皆の顔を見渡すと、D君が真剣な眼差しでこちらを見ていました。

どうやらスイッチが入ったようです。

なるべく具体的な答えを見つけさせると効果的

後日、監督に確認してみると、D君の練習態度はずいぶんと変わったとのことでした。

自分なりの「甲子園を目指す目的」ができたことで、やる気を取り戻したのでしょう。

「ようやく以前の、やる気に満ちたDが戻ってきました」と監督も喜んでいました。

職場でも、部下のモチベーションが低下していると感じたら、「なぜ～なのか？」という問いかけは有効です。

「なぜ、この仕事をしているのか？」

「なぜ、利益拡大を目指すのか？」

そのような問いかけを行って、常に目的を意識させましょう。

特に、仕事においては「どんな仕事のためにあなたは雇われているのですか？」という問いかけが強力です。

「何のために」と問われると漠然と考えてしまう人でも、「どんな仕事のために」と問われれば、具体的に自分のやるべきことが見えてきやすくなりますよ。

ポイント

途中で満足してしまったり、諦めてしまって、モチベーションが下がってしまった子には、「何のために」という問いかけをして、目的を確認させてあげましょう。目的は、なるべく具体的なイメージが湧くものだと効果的です。

2

「落ち込むな！」と注意するより、立場を変えて考えさせる

少し叱られたくらいで落ち込んでしまうのは、視野が狭くなっているから

少し叱られたくらいで落ち込んでしまう選手

サポート校の練習試合の観戦に訪れた時に、一人でポツンと立っている選手を見つけました。

「どうしたんだ？」と聞いてみると、「試合でミスをして叱られました」と、この世の終わりが来たような顔でうなだれています。

「おいおい、少し叱られたくらいで、何しょんぼりしてんだ。俺達の若い頃は、ミスなんかしたら殴られてたぞ……」

内心、そうも思いましたが、こんなふうになってしまうのは、おそらくこの選手だけではないはずです。

最近の子は打たれ弱いとか、心が折れやすい、ナイーブだなんて言われています。

確かに、叱られた時に、落ち込んでしまってその後の態度が悪くなったり、さらには帰ってしまう子まで見かけるようになりました。帰ってしまうというのは、ある意味、強心臓なんじゃないかと思ってしまいますが……（笑）。

どちらにしても、少々叱られたくらいで落ち込んでしまうのでは、困りものです。

落ち込みやすいのは、視野が狭くなっているから

なぜ、最近の子は、そこまで落ち込みやすいのでしょうか？

それは、視野が狭くなっているからです。

いまどきの若い子に限らず、私達は、視野が狭くなってしまうと、物事のネガティブな面しか見えなくなったり、自分のことしか見えなくなって「なぜ自分ばかり……」と不満を持つようになったりします。

そして逆に、視野が広がれば、物事を前向きに捉えることができるようになります。

例えば、いつも生活している場所から離れ、別の地域に宿泊すると、今生活している環境

の良さやありがたさを認識することがありますね。

海外旅行にいくと、海外での不便さや治安の状況などを目の当たりにして、日本の良さを再認識したという話はよく聞きます。

このように、今と異なった環境を見たり体験したりすると、視野が広がり、物事を前向きに捉えられるようになるわけです。

若い子の視野が狭くなりがちなのは、こうした体験が不足しているからかもしれませんね。

違う立場から自分を客観的に見ることで、視野を広げられる

ただ、視野を広げるためには、何も実際に体験しなければいけないわけではありません。今の自分を、違う立場や違う時代の人から客観的に見ることでも、視野を広げることが可能です。

そこで練習試合後のメンタル講習では、「東日本大震災で被災した高校生」の立場になってもらい、その立場から、野球ができる環境にある自分達がどう見えるかを考えてもらいまし

た。

先ほど落ち込んでいた選手の近くにいって、どんなことを書いているのかなと思って覗いてみると、「野球ができていいよね」「自分達はいつ野球ができるのか分からない」「皆で野球ができて羨ましいよ」と書いています。

どうやら、今の自分がおかれている環境のありがたさに気づいたようです。

そこで、「それじゃあ、発表してもらおうか」と言って、先ほどの選手を指名して、書いた内容と、その後思ったことを話してもらいました。

「今日の試合でミスから失点してしまい、それを注意されてふてくされていた自分が恥ずかしくなりました。まだまだ甘いなと思いました。これからは、野球ができることに感謝して、もっと強くなります！」

そう答えてくれましたその選手の目には、力強さが戻っていました。

様々な立場から物事を見る訓練をしよう

このように、自分以外の人の立場に立って、自分を客観的に見てみるというのは、視野を広げるためには非常に効果的です。

ミーティングなどのちょっとした時間を利用してできるワークなので、ぜひ様々な立場を想定してやってみてください。

例えば監督が選手の立場に立ってみたり、相手チームの監督の立場に立ってみたりすることで、意外な発見をするかもしれません。

職場でも、ちょっと注意されただけで落ち込んでしまう部下がいたら、上司の立場に立ってみたり、お客様の立場に立ってみたりして考えてもらうといいでしょう。

「どうやって売上を上げるか」「利益を作るか」という話も大事ですが、そもそも自分のおかれている環境を肯定的に感じることができないと、いいアイデアも浮かんできません。

普段はどうしても自分の立場からものを考えがちですので、たまにこのような別の立場から考えるワークを行って、視野を広げる訓練をしておきましょう。

ポイント

少し叱られたくらいで過剰に落ち込んでしまう子は、自分の立場からしか物事を見られなくなっています。違う立場から見ると、今の自分がどう見えるかを考えてもらって、視野を広げてあげましょう。

3

「弱音を吐くな！」と叱るより、スローガンを作る

エネルギーを急速チャージできる「言葉」があれば、苦しくても最後までやり抜ける

トレーニングで弱音を吐き、すぐにリタイアしてしまう選手達

野球部の冬場の練習は、どの高校もトレーニングが中心になります。

春からのシーズンに向けて、身体をしっかりと作ることが重要だからですね。

ただ、指導者の思いとは裏腹に、選手達は「いかに楽をするか」「いかに手を抜くか」を試行錯誤していたりしますが……（笑）。

私のサポート校でも、基礎体力の向上のため、「長い階段をダッシュで最後まで登る」というトレーニングをしていました。

ところが、これがなかなかうまくいかないのです。

選手達が次々と途中でダウンしてしまって、リタイアしてしまいます。

中には気分が悪くなって戻してしまったり、「足が痛い」と言って走れなくなってしまう選手も出てきました。

トレーニング自体は、決して厳しいものではありません。

本気で甲子園を目指す高校であれば、こなせて当然というレベルの内容です。

それにも関わらず脱落者が続出してしまうのは、体力的な問題というよりもむしろメンタルの問題、つまり選手達のこのトレーニングに対する苦手意識が原因と言えるでしょう。

「ちょっと苦しいくらいで弱音を吐いてしまうのでは、いつまで経っても強くなりませんよね……」

監督もほとほと困っていました。

スローガンでエネルギーを急速チャージ!

弱音を吐かず、最後までやり抜く。

部下や生徒、子供にこういう姿勢ができたらいいと思っている方は多いと思います。

そのために有効なのが、「スローガン」です。

スローガンとは、目標と、なぜその目標を目指すのかという目的を、端的な言葉で表したものです。

本章の第1節で、「目的を明確に意識することがエネルギーになる」と説明しましたね。苦しい時に、そのエネルギーを急速チャージできるように、目的を端的な言葉でまとめたものがスローガンなのです。

私達の脳は、言葉・表情・動作が感情を切り替えるスイッチになるようにできていますから、こうした端的な言葉が効果を発揮するのですね。

いくつか例を挙げると、2014年夏の石川県大会決勝で、9回裏の奇跡の逆転劇を演じた当時の星稜高校野球部のスローガンは、「必笑（ひっしょう）」というものでした。これには、「どんな状況になっても笑顔で戦って、最後には俺達が笑う」という意味が込められています。

また、2014年秋の石川県大会決勝で、〝逆転の星稜〟に2回も逆転して26年振りの優勝を手にした石川県立金沢商業高校野球部のスローガンは「笑耐夢（しょうたいむ）」でした。これには、「どんなにピンチになっても笑顔を貫き、最後に夢を掴む」という意味が込められています。

2015年夏の甲子園、優勝候補との一戦で8点差を追いついて、そこからまた引き離されても再び追いつく〝脅威の粘り〟が話題となった富山県立高岡商業高校野球部のスローガンは、「ありがとう」。シンプルな言葉ですが、難病で苦しんだ主将が「起きるすべてのことに感謝して『ありがとう』で頂点を」と決めたものです。

この3校に共通するのは、「逆境に負けないで、最後までやり抜くメンタル」です。苦しい時に、そのメンタルを維持するために大きな役割を果たしたのが、スローガンだったのですね。

ポージングも加えると効果的

そこで、この学校でも、自分達の目標と目的を明確にした上で、チームとしてのスローガンを作ってもらうことにしました。

さらに加えて、ポージングも考えてもらいます。

ポージングというのは、スローガンを口にする時に取るポーズのことです。先述したように、私達の脳は、言葉だけでなく動作も感情を切り替えるスイッチになりますから、スローガンとポージングをセットにすることで、より効果が出やすくなるのです。

その日は説明だけして、「次回のメンタル講習の時までに考えておくように」と選手達に託したところ、このチームのスローガンは「感全粘笑（かんぜんねんしょう）」になりました。「感動し、全力で、粘り強く、笑顔で戦うことで、完全燃焼する」という意味を込めたそうです。

また、ポージングは「人差し指を身体の前に出す」というものに決まりました。「なかなか良いスローガンとポージングができたね。それじゃあ、これをトレーニングを始める前と、苦しくなってきた時にやるようにしよう」

私の提案に、選手達が「はい！」と元気良く返事してくれました。どうやら、早くも効果が現れ始めたようです。

スローガンとポージングは、様々なスイッチとして活用できる

その後、再び講習で訪問した日のことです。

監督が興奮気味に話しかけてきました。

「スローガンとポージングによって、劇的な変化が表れました！」

「一体何が起きたんですか？」

「前回お話していた階段ダッシュのことですが、選手達が最後までやり抜けるようになったんです。それどころか、自分達で『まだやれる』と言って、勝手に回数を増やしています！」

思った以上の効果でした。

これなら、もう心配はいりませんね。厳しいトレーニングにも耐え、グングン成長していってくれることでしょう。

このスローガンとポージングは、もちろんスポーツ以外でも使えます。

例えば、職場でも、自分達が目指している目標と、なぜその目標を目指すのかという目的に合致したスローガンとポージングを作っておくといいでしょう。

そして、残業が続いて皆の集中力が落ちてきた時や、「面倒だな」「難しいな」「やってられないな」という態度や表情をしている時に、皆で一緒にスローガンとポージングを行うのです。

そうするとやる気のスイッチが押され、もうひと踏ん張りできるようになります。

また、スローガンとポージングは、プライベートモードから仕事モードに切り替えるスイッチとして、朝礼でも使えますよ。

ポイント

スローガンとは、目標と目的を、端的な言葉で表したものです。苦しい練習の時など、スローガンを口にすることで、やる気のスイッチが押され、もうひと踏ん張りできるようになります。ポージングも決めておくと、より効果的です。

4

「すぐ限界がくる」と嘆くより、将来の自分の視座から見直させる

「限界」のほとんどは物理的限界ではなく、今の自分から見た心理的限界

すぐ「限界だ」と言ってしまう選手達

「練習でも試合でも、選手達がすぐ『限界だ』と言うんです。もっとできるはずなのに……」

サポート校の監督から相談がありました。

スポーツの世界では、よく「限界」という言葉を耳にします。

そもそも「限界」とはどういうことでしょうか？

実は、限界には2種類あります。

それが「心理的限界」と「物理的限界」です。

例えば、陸上の世界では、永らく「100m10秒の壁」というものが存在しており、人間の筋力では10秒が限界だと思われていました。

ところが、ある選手が人類史上初めて9秒台という記録を出したのです。

それだけなら、その選手がすごいというだけの話なのですが、おもしろいのはここからです。

何と、初めて9秒台が出て以降、他にも9秒台の選手が続出するようになったのです。

つまり、10秒の壁は、決して人間の筋力の物理的な限界ではなく、「10秒を切れるわけがない」という思い込みによる、心理的な限界だったのです。

この例のように、私達が普段「限界だ」と言っていることは、本当の限界ではなく、心理的限界に過ぎないということが往々にしてあります。

今回のチームの場合も、まさに心理的限界の問題と言えるでしょう。

実際に、メンタル講習で選手達に「もうこれが限界だ、と思うことは?」と挙げてもらったところ、選手達から出てきた答えは、「球速が140kmになる」「50mを6秒で走る」「素振りを1000回する」「スクワットを1000回する」といったものでした。

確かに今はできていないことなのですが、選手達の実力を考えると、練習やトレーニングを積めば十分クリアできる範囲です。

選手達には、この心理的限界を引き上げてもらわねばなりません。

心理的限界が低いままだと、いつまで経ってもこれ以上成長できないでしょう。

「できた後の自分」になって考えてみる

では、心理的限界を高くするには、どうすればいいのでしょうか？

そのためには、その人がどの位置から物事を見ているかという「視座」を変える必要があります。

先ほどの陸上の話なら、人類史上初めて９秒台という記録が出た以前は、ほとんど誰も１００ｍを９秒台で走れるとは思っていなかったわけです。

しかし、現実に９秒台という記録が出た以降は、皆が「人間は９秒台で走れる」と考えるようになりました。その結果、実際に９秒台の選手が続出したのです。

これと同じように、「できた後」に視座を変えれば、心理的限界は高くなります。

そこで私は、選手達に尋ねました。

「今挙げてくれた限界を、限界だと感じているのは誰？」

「自分です」

「そうだね。正確に言うと、今この時点での自分から見て、限界だと感じているわけだ。でも、君達は甲子園を目指している。だから、ここでは、実際に甲子園に出場した時の自分の気持ちになってみよう。その時の自分から見たら、さっきの限界はどうなる?」

すると、選手達は次のように答えてくれました。

「すべてできている」

「怖くなくなる」

「当たり前になる」

やっぱり、先ほど自分達が言っていた「限界」は、心理的限界であって、物理的限界ではなかったのです。

「どうだ、今の気持ちは?」と何人かの選手に聞くと、「限界を設けずにやろうと思いました」「さらに上を目指してやってみます」という答え。

無事、心理的限界を超えようという力が働いてきたようです。

限界がなくなれば、どんどん成長できる

後日、監督に選手達の様子を尋ねたところ、先日のメンタル講習をきっかけに、選手達は「限界だ」と口にすることがなくなったそうです。

そして、「限界だ」と口にしなくなってから、実際にこれまで「限界だ」と思っていた以上の記録が出せるようになってきたとのことでした。

「あいつらがここまでできるとは、正直、思っていませんでした。大会までにどこまで伸びるか、楽しみです」

選手達の頑張りを目の当たりにして、どうやら、監督の心理的限界もなくなったみたいですね。

仕事でも、新人の頃にはとてもできると思っていなかったことを、今の自分は平気でこなせるようになっている、という経験をしている方は多いでしょう。

私達が感じる「限界」は、そのほとんどが心理的限界なのです。

ですから、もし「これ以上は限界だ」とすぐに仕事を投げ出してしまう部下がいたら、「チームリーダーになった自分から見たらどうだ?」「課長になった自分ならどう感じる?」

と、視座を変える問いかけをしてあげましょう。
「今、限界と感じていることは、本当の限界ではなかった」と気づくことができれば、人はどんどん伸びていきますよ。

ポイント

私達が感じる「限界」は、そのほとんどが物理的限界ではなく、今の自分から見た心理的限界です。視座を変えて見直させることで、本当の限界ではないことに気づかせてあげましょう。

5

「諦めるな」と叱るより、「誰が喜んでくれる？」と聞く

自分のためならすぐ諦めてしまう子でも、喜んでくれる存在があれば頑張れる

なんとなく仕事をしていて、すぐに諦めてしまう後継者

顧客企業の社長から、後継者となる息子さんのリーダーシップ教育を依頼されました。「自分がいくら言っても全然言うことを聞いてくれない」からだそうです。

どこの息子も同じですね（笑）。

私の得意分野でもあるので、二つ返事で請け負いました。

ただ、後継者の息子さんの話を聞いていると、父親の会社だからという理由で、ただなんとなく仕事しているという状態のようです。

リーダーシップどころか、普通のビジネスマンとしてもどうかというレベルの話ですね。

もちろん、「父親の会社なので、自分が受け継いでいかなければ」という気持ちがないわけ

ではないようなのですが、その一方で、「経営者になる実感が湧かないんですよね」と言い出す始末……。

これは強敵です。

どうも、あまり本気になれていないようですね。

そのせいか、この息子さん、とにかく諦めが早い。

話をしていても、「やってられない」「それは無理です」「どうせやらされているんだから」といった諦めモードの言葉のオンパレードです。

こんなに何でもかんでもすぐ諦めてしまっているのでは、いつまで経っても成長できず、お父さんが安心して会社を任せられる経営者には永遠になれないでしょう。

もうちょっと本気を出して、ちょっと壁にぶつかったくらいでは諦めないようになってほしいところです。

自分のためには頑張れない子も、誰かのためなら頑張れる

このような場合は、どうすれば良いのでしょうか？

本章の第1節で、『何のために』という目的が、やる気のエネルギーになる」というお話をしました。今回の場合も、この原理が使えます。

ただし、一つだけポイントがあります。

それは「誰のためか」ということです。

何かをやろうとする時の目的には、大きくは「自分のため」か「自分以外の（自分が喜ばせたい）誰かのため」かの2種類があります。

今回の息子さんの場合、「経営者になる実感が湧かない」ということですから、「自分のため」ではエネルギーが湧かないということになりますね。だから、逆境や壁にぶつかると、自己防衛本能が働いて、すぐに諦めてしまっているわけです。「目的を達成して得られる自分の喜び」と「目的を諦めれば避けられる苦痛」を比較して、後者の方が大きいと感じてしまっているのですね。

であれば、「自分以外の誰かのため」という目的を見つけられれば良いということになります。自分が「喜ばせてあげたい」「幸せにしたい」と思っている人の喜びと、自分自身の苦痛は比べられませんから、「自分以外の誰かのため」であれば、どんな困難に出会っても諦めないようになるかもしれません。

そこで私は、息子さんに質問してみました。

「例えば、社員や取引先、顧客から信頼される社長になったとしたら、誰が喜んでくれると思いますか?」

すると、最初は照れ笑いをしながら少し戸惑っている感じでしたが、しばらく考えた後、ゆっくりと話し始めてくれました。

「おばあちゃんかな……それから、母や父も、やっぱり喜んでくれると思います」

実はこのおばあちゃんというのは、すでに亡くなっているのですが、小さい頃によく自分の世話をしてくれた、とても大好きなおばあちゃんだったそうです。

このように、「誰か」というのは、すでに亡くなっている方でも構いません。

大切なのは、その人に喜んでもらいたいと心から思えるかどうか、ということです。

そこで私は確かめてみました。

「どう?　おばあちゃんが喜んでくれている顔は思い浮かぶ?」

「昔の顔ですが、思い出せます。大好きだった、優しい笑顔です」

「今の気持ちはどう？」

「なんか嬉しいと言うか……喜んでくれたらいいなという気持ちです」

どうやら、その笑顔のためなら、頑張れそうな雰囲気です。

「じゃあ、喜ばせてあげようよ」

私がそう言うと、息子さんは満面の笑みで応えてくれました。

身近な人が喜んでくれている姿はイメージしやすい

その後、社長さんから「息子の仕事への姿勢が変わってきた」という嬉しい報告がありました。

やはり、大好きだったおばあちゃんの笑顔が利いたようですね。

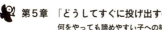

このように、「喜んでくれる誰かのために」という目的は、目標に向かうエネルギーの原動力になります。それに、目標を実現している自分をなかなかイメージできない人でも、身近な人が喜んでくれている姿はイメージしやすい、という利点もあります。

そのため、自分以外の人を喜ばせることを、SBT（スーパーブレイントレーニング）では

「他喜」と呼んでいて、人を動機づける重要な要素だと考えています。

独身の頃、単に「(自分の)生活のため」に働いていた時にはさほど仕事熱心ではなかった人が、結婚して家族ができ「家族のため」に働くようになったとたん、打って変わって仕事熱心になった、というような話はよく聞きますね。

これも「他喜」のパワーと言えます。

ですから、もし会社の部下が諦めやすい状態であれば、「目標を実現したら誰が喜んでくれると思う?」という問いかけをしてみるといいでしょう。

「喜ばせたい誰か」がいると、人は強くなれるのです。

ポイント
自分のためには頑張れない子も、「自分が喜ばせたい誰か」のためなら頑張れるようになります。「目標を実現したら、誰が喜んでくれると思う?」と問いかけ、「喜ばせたい誰か」を見つけるきっかけを作ってあげましょう。

6

「スマホを見るな！」と禁止するより、時間が空いたらすぐ参考書を読ませる

結晶型の脳細胞を使えば、苦手なことも取り組めるようになる

夢はあるのに、なかなか勉強が手につかない受験生

大学受験のサポートをしている学生で、なかなか勉強が手につかない子がいました。

モチベーションがないわけではありません。

第一志望の大学には合格して、両親を喜ばせたいし、自分もキラキラなキャンパスライフを描いているんです。

でも、「次までにここまでやっておこう」と決めたことが、全然できていない。

これでは、夢は夢のままで終わってしまいます。

「勉強のジャマになっているものがあるとしたら何？」

「スマホ、テレビ……あっ、マンガもそうだ。勉強しようとしても、ついマンガに手が伸び

てしまって、そのまま読んでしまうんですよ」

いかにも現代っ子ですね。

ただ、ここで「では、スマホもテレビもマンガも、いっさい禁止！」と言っても、無理でしょう。むしろ、やめることがストレスになるので、強制的に禁止することはメンタル的にはマイナスになりかねません。

脳には「結晶型」と「流動型」の2種類がある

そこで私は、こう言いました。

「じゃあ、スマホもマンガも、やめなくていいよ。ただし、反応を遅らせよう。やろうと思ってもすぐにやらない。今すぐやるべきなのか、きちんと考えて、それでもやりたいなら、やるようにしよう」

「はぁ……」

「逆に、勉強はすぐ取りかかる。普段から参考書や問題集を持ち歩き、ちょっと時間があれば、すぐに開いて見たり、問題を解いてみよう。特に、嫌いな教科ほど、そうしてほしい。できるかな？」

なぜこんな提案をしたかと言うと、それは脳の仕組みに関係があります。

私達の脳には、大きく分けると「結晶型」と「流動型」の2種類の脳細胞があると言われています。

「結晶型」とは、過去の経験に基づいて、「この場合はこう」と瞬時に判断する時に使う脳細胞です。日常の生活や仕事、スポーツ競技の場面では、ほとんどの場合、結晶型の脳細胞を使って物事を行っています。

これに対して、「流動型」は、物事を個別にじっくりと考えて判断する時に使う脳細胞です。

今回の場合、この受験生の子は、スマホやテレビは結晶型の脳で、勉強は流動型の脳で処理してしまっているのですね。

例えば、スマホにＬＩＮＥの通知が来たら、結晶型の脳で反射的に「読んで、返信しなきゃ」と判断している。この反応を変えない限り、勉強をジャマされ続けてしまいます。

そこで、結晶型の脳で反応するのではなく、流動型の脳で「今の状況で、チェックして返信すべきかどうか」をじっくり判断するようにするのです。これを続けていると、「いつでもすぐに返信しなくても、意外と大丈夫」ということに気づくでしょう。

逆に、勉強に対しては、現状では流動型の脳を使って「今日は何をやろう」「どの教科から始めればいいだろう」「どんな勉強をすればいいんだろう」とじっくり考えてから取りかかろうとしているために、いつまで経ってもああでもない、こうでもないと悩んでばかりで、結局手をつけられないでいるのですね。

そこで、流動型ではなく結晶型の脳を使って、「ちょっとでも時間が空いたら、参考書を開く」と瞬時に判断するように促したわけです。これが習慣になると、勉強時間が増え、自然と「勉強への抵抗感」が薄れていきます。

このように、「すぐやること」と「じっくり考えてからやること」を変えることで、脳の反応を変えていくというのが、今回の提案の狙いです。

苦手なことほど、すぐにやらせよう

後日、この子のお母さんに確認したところ、少しずつですが、順調に勉強時間が伸びているとのことでした。

また、以前はことあるごとに言っていた「勉強、嫌いなんだよね」というセリフが減り、最近では「なんか最近、勉強するのが苦手でなくなってきたかも……」とすら言い出したとのこと。

この調子なら、成績が上がってくるのも時間の問題ですね。

10年以上も前になりますが、『カエルを食べてしまえ！』（ブライアン・トレーシー／ダイヤモンド社）というビジネス書が大ヒットしたことがありました。

このタイトルの「カエル」とは、「一番重要で厄介なこと」を意味します。重要で厄介なことほど、後回しにせず、すぐに済ませてしまえ、という内容の本でした。

これは脳の仕組みを考えると、まさに真実です。

仕事の現場でも、優秀な人ほど苦手なことでも「すぐやる」ことが習慣となっているはずです。もし仕事がなかなか捗らない部下がいたら、「気づいた時に、すぐ取りかかる」ことを習慣づけてあげましょう。

ポイント

勉強がなかなか捗らない子は、勉強に取りかかろうとする時に、流動型の脳細胞で判断しようとしています。結晶型の脳細胞で反応できるようにするために、「すぐ取りかかる」ことを習慣づけてあげましょう。

おわりに

ここまで本書をお読みいただき、ありがとうございます。

いくつもの事例やテクニックをご紹介しましたが、あなたのお役に立てそうなものはあったでしょうか？

何か一つでも、今、あなたが抱えている悩みを解決できるヒントを得ていただけたなら、著者としてこれ以上の幸せはありません。

＊　＊　＊

さて、その本文で扱った事例でもご紹介した通り、私は高校野球や企業などの組織はもちろん、オリンピック選手など様々な方のメンタルサポートを行っております。

その中には「まさか、こんなに成果が上がるとは」と本人も、周りの人間も驚くような結果が出ているケースも少なくありません。

それはなぜだと思いますか？

実は、きちんとした理由があります。

私が行っているメンタルサポートが、単なるメンタルトレーニングではなく、ＳＢＴ（スーパーブレイントレーニング）という、脳の機能を利用した「脳力トレーニング」だからです。

メンタルトレーニングとＳＢＴは、もちろん共通点も多いのですが、明確な違いがあります。

それは、伸ばせる能力が違うということです。

＊　＊　＊

人間の能力には、「保有能力」と「発揮能力」があります。

保有能力というのは、その人が持っている本来の力のことです。

ただ、人間というのは、いつでも保有能力を１００％発揮できるとは限りませんね。

本番で緊張してしまったり、あるいは逆に油断してしまったりして、たいていの場合は保有能力の60％とか70％くらいしか力を発揮できないものです。

この「実際に本番で発揮できる力」が、発揮能力です。

メンタルトレーニングでは、この発揮能力を、様々な心理的テクニックを駆使して、向上させていきます。

これに対して、脳の領域に踏み込んで、保有能力を向上させるのが、脳力トレーニング（ブレイントレーニング）です。

例えば、ある人の保有能力が１００、発揮能力が60だったとしましょう。つまり、本番では、本来の力の６割しか発揮できない状態ということですね。

この時、発揮能力を60から70、80……と向上させていくのがメンタルトレーニングです。

ただし、向上させるのは、あくまで発揮能力ですから、１００が上限となります。

これに対して、保有能力を１００から１１０、１２０……と向上させるのがブレイントレーニングなのです。

したがって、実は、メンタルトレーニングが効果を発揮するのは、元々素質があったり、能力が高い人だけなんですね。

元々の能力が低い人の場合、ブレイントレーニングで保有能力を向上させないと、満足する結果を得られないことが往々にしてあるのです。

＊　＊　＊

そして、私がメンタルサポートで使っているＳＢＴは、ブレイントレーニングとメンタルトレーニングを組み合わせたものとなっています。

すなわち、ブレイントレーニングで保有能力を伸ばし、メンタルトレーニングで発揮能力を身につける、優れた脳力開発のトレーニング法なのです。

だから、単なるメンタルトレーニングでは考えられないような、驚くべき成果を上げることができているのです。

本書で紹介しているテクニックも、そのＳＢＴのテクニックが中心となっています。

ただし、一般の方が比較的使いやすいだろうものを厳選して紹介しておりますので、ＳＢＴのテクニックのほんの一部に過ぎません。

興味を持たれたら、ぜひ本格的なＳＢＴを学ぶことも検討してみてください。
なお、ＳＢＴについて、詳しくは下記をご参照ください。

ＳＢＴ認定講座公式サイト　http://sbt-trainers.com

もしくは、私までご連絡ください。

メールアドレス　office@coach1.jp

なお、サポートに関しては、ＳＢＴのノウハウのみならず、コーチングやマネジメント手法も取り入れております。メンタルサポートや経営サポートについて、詳しくはメールでお問い合わせいただけると幸いです。

＊　＊　＊

最後に、本書を出版するにあたってお世話になった皆様に、御礼申し上げます。

本書の執筆ができたのも、石川県、富山県、山口県のメンタルサポート校の指導者や選手の皆様、そして、リオデジャネイロ・オリンピック日本代表選手となった小堀勇氣選手など多くの方のおかげです。皆様の活躍がなければ、本書は陽の目を見ませんでした。本当にありがとうございます。

また、心の支えとなっている家族の存在があるからこそ、ここまで頑張ってこれました。いつも応援してくれてありがとう。

そして、前作も含め、私の本を読んでくださった皆様。ご感想をいただく度、「読者がいてくれてこその出版」と、しみじみ感謝しております。

本書を活用されて、今後もより多くの方が望む結果を得られることを、心よりご祈念いたします。

2016年7月

飯山晄朗

■著者紹介
飯山晄朗（いいやま・じろう）　メールアドレス：office@coach1.jp
◎メンタルコーチ・人財教育家。
◎富山県高岡市出身。石川県金沢市にオフィスを構え全国で活動している。中小企業診断士。銀座コーチングスクール認定プロフェッショナルコーチ。JADA（日本能力開発分析）協会認定SBTコーチ。金沢大学非常勤講師。
◎商工団体の経営指導員としての11年間で、中小企業の経営、財務、労務相談を5,000件以上こなす。独立後は中小企業の人財教育に携わり、2つのコーチングスクールの運営、オリンピック選手や高校野球部を始めとする運動部のメンタルコーチも務める。さとり世代の指導には定評がある。
◎名門私立高校野球部を半年で復活させ6年振りの甲子園へ。夏の石川県大会決勝で球史に残る大逆転劇で2年連続の甲子園へ導く。また、あきらめに支配されていた県立高校野球部を26年振りの優勝へ、県立高校水球部を20年振りの全国表彰台に導く。
◎ブログ「ガッツログ」、メルマガ「夢☆目標を実現させる脳力思考」を毎日配信中。

いまどきの子《こ》を「本気《ほんき》」に変《か》える
メンタルトレーニング

発行日　2016年　8月　9日　　第1版第1刷

著　者　飯山《いいやま》　晄朗《じろう》

発行者　斉藤　和邦
発行所　株式会社　秀和システム
〒104-0045
東京都中央区築地2丁目1−17　陽光築地ビル4階
Tel 03-6264-3105（販売）Fax 03-6264-3094
印刷所　日経印刷株式会社　Printed in Japan

ISBN978-4-7980-4714-0 C0034

好評発売中

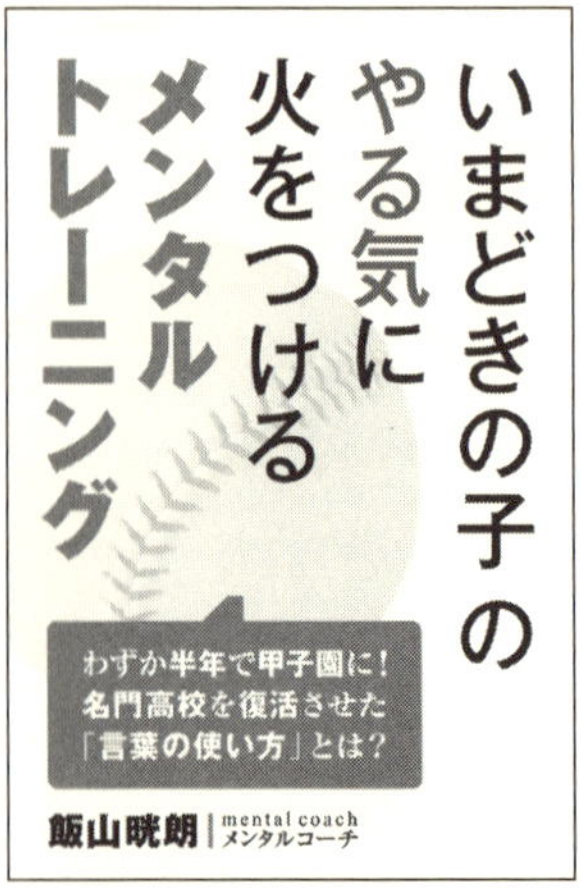

いまどきの子のやる気を引き出すちょっとしたコツがわかります

低迷する高校野球の名門校をわずか半年で建て直した著者による、メンタルトレーニングの入門書です。

いまどきの子の
やる気に火をつける
メンタルトレーニング

著者：　飯山晄朗
定価：　（本体1400円＋税）
ISBN　978-4-7980-4300-5

理想の子育て、理想のママ像にしばられ、毎日イライラ・ガミガミしては後悔していませんか？

ほめない＋叱らないことにより「自分からやる子」を育てるアドラーのメソッド入門です。

イライラしないママになれる本
子育てがラクになるアドラーの教え

著者：　野口勢津子、岩井俊憲（監）
定価：　（本体1300円＋税）
ISBN　978-4-7980-4534-4